고대 로마 해부도감

KODAI ROME KAIBOUZUKAN

ⓒ X-Knowledge Co., Ltd. 2024

Originally published in Japan in 2024 by X-Knowledge Co., Ltd.
Korean translation rights arranged through BC Agency, SEOUL.

이 책의 한국어 판 저작권은 BC에이전시를 통해
저작권자와 독점계약을 맺은 더숲에 있습니다. 저작권법에 의해
한국 내에서 보호를 받는 저작물이므로 무단전재와 복제를 금합니다.

일러두기

• 이 책에서는 고대 로마 관련 용어의 특성을 고려하여 영어와 라틴어를 혼용하였습니다. 독자의 이해를 돕기 위한
  것으로, 맥락에 따라 두 언어를 구분 없이 병기하였습니다.
• 각주는 번역자가 작성하고 감수자의 검토를 거쳤습니다. 감수자가 추가로 보충한 주는 '•'로 표시하였습니다.

고대 로마 해부도감

카미유 역사편집부 편저 ― 모토무라 료지 감수 ― 김덕수 한국어판 감수 ― 노경아 옮김

더숲

들어가며

이 책을 선택한 독자라면 많든 적든 로마사에 관심이 있을 것입니다. 로마사에 관심이 없다고 해도 '주사위는 던져졌다', '모든 길은 로마로 통한다', '브루투스, 너마저'라는 말은 누구나 들어 보았을 것입니다. 이처럼 로마사의 주요 장면은 우리 생활 깊숙이 스며들어 있습니다.

고대 로마는 기원전 753년에 건국되어 기원후 476년에 서로마 제국이 멸망할 때까지 약 1,200년의 긴 역사를 자랑합니다. 그동안 로마 땅에는 전쟁과 번영, 문화와 기술의 격변 등 방대한 역사가 쌓였습니다. 게다가 제국이 가장 강성했던 시기에는 이탈리아 주변뿐만 아니라 아프리카와 서아시아, 이집트를 포함한 지중해 연안 지역, 스페인, 프랑스와 영국까지도 로마의 영향권에 있었습니다. 지도를 들여다보며 그 영역이 얼마나 광대했을지 상상해 봅니다.

고대에는 사람과 물건이 지금처럼 빨리 이동하지 못했습니다. 그래서 그 느린 이동과 함께 각 지역의 문화도 천천히 섞였을 것입니다. 그 긴 세월 동안 어떤 과정을 거쳐 다양한 문화가 탄생했을지 상상

하며 역사의 재미를 제대로 맛보는 건 어떨까요?

로마사는 대중에게 꽤 인기 있는 테마여서 일반 독자를 위해 쉽게 쓰인 서적도 많이 나와 있습니다. 사진과 삽화를 추가 자료로 활용하여 로마사를 상세히 설명한 책도 점점 늘어나고 있습니다.

사진을 참고하는 것도 좋지만 이 책처럼 일관성 있는 삽화를 활용한 가벼운 읽을거리로 로마사를 훑어보는 것도 좋을 것입니다. 그중에서 특히 관심이 가는 주제가 있다면 관련 도서를 찾아 이해를 심화해 보기 바랍니다. 독자 여러분이 이 책을 계기로 로마사를 깊이 접할 수 있다면 감수자로서 무척 뿌듯할 것입니다.

즐겁게 배운 후에는 기쁨이 찾아옵니다. 지식을 연결하여 교양으로 엮어내는 일은 언제 시작해도 늦지 않습니다. 이 책을 통해 고대 로마사의 정수를 음미해 보기 바랍니다.

모토무라 료지

감수의 글

"모든 길은 로마로 통한다."
세계사를 보면 고바빌로니아 제국을 시작으로 많은 제국들이 한때 역사를 좌지우지했다. 그러나 통치 기간이나 후대에 끼친 영향에서 고대 로마에 비교될 만한 제국은 없다. 로마사의 역사적 의의를 근대 역사학의 아버지라 부르는 레오폴트 폰 랑케(L. von Ranke)는 다음과 같이 말했다.
"모든 고대사는 말하자면 하나의 호수로 흘러가는 흐름이 되어 로마사로 흘러 들어가고 근대사 전체는 로마사로부터 다시 흘러나왔다." 다소 과장된 표현이기는 하지만 서양사에서, 아니 세계사에서 고대 로마의 역사를 이보다 잘 표현한 말은 없을 듯하다.

"로마는 하루아침에 이루어지지 않았다."
기원전 8세기 중엽에 이탈리아 중부 라티움 지방 북서쪽 티베리스 강가, 일곱 개의 산간 마을에서 출발한 로마는 라티움 지방을 넘어 이탈리아 반도로, 그리고 동서 지중해로 팽창하면서 700여 년이 흐

른 뒤에는 로마의 평화(팍스 로마나) 시대를 열었다. 도로망과 해로를 통해 다양한 선진 문화들이 도시 로마로 흘러들어왔고 또 종합화된 로마 문화가 도시 로마에서 지중해 세계로 퍼져나갔다.

로마 제국의 성공 비결은 외부 세계에 대한 개방성이었다. 로마는 라티움 지방의 농업 목축 문화를 바탕으로 발전했지만 선진 문화인 북부 이탈리아의 에트루리아 문화, 남부 이탈리아의 그리스 문화를 적극적으로 수용했다. 더 나아가 지중해 세계로 팽창하면서는 이집트, 페르시아 등의 오리엔트 문화와 그리스도교까지 수용하고 로마화해서 고대 지중해 제국으로 발전할 수 있었다.

5세기 말 서로마 제국이 해체되어 몰락했지만 로마 문화는 랑케가 말했듯이 그 뒤에도 서양 중세 시대를 넘어서 근현대 시대를 통해서 오늘날 우리에게까지 지속적인 영향을 끼치고 있다. 그것을 가능하게 한 요소는 무엇일까? 로마 문화에 내재한 공공성과 실용성에서 그 답을 구할 수 있다. 로마 문화의 공공성은 로마 공화정의 라틴어인 '레스 푸블리카 로마나(Res Publica Romana)'라는 용어에서 잘 드

러난다. 우리나라 대한민국의 국체를 규정하는 헌법 제1조 1항에 있듯이 "대한민국은 민주 공화국이다(R.O.K, Republic of Korea)"이다. 여기서 공화국(Republic)으로 번역되는 단어의 라틴어 '레스 푸블리카(Res Publica)'는 국가가 '공공의 것', '공적인 재산'이라는 뜻이다. 즉 레스 프리바타(Res Privata, 사적인 것, 사유 재산)가 중요하지만 그것을 가능하게 하는 국가, 즉 공공의 재산(공권력, 공금 등)이 전제되어야 한다는 것인데, 이는 개인의 권리와 개인주의를 극단적으로 내세우는 현대의 사조에 시사하는 바가 많다.

로마 문화의 또 다른 특징은 로마인들이 추상적 관념이나 이념이 아니라 인간의 실생활에 직접 도움이 되는 토목 건축을 발전시켰다는 점이다. 유럽, 서아시아, 북아프리카를 여행하다 보면 우리는 한때 로마의 통치권이 미치는 곳에서 도시 로마에서 로마인이 누리는 문화적 요소들(광장, 원형 경기장, 전차 경기장, 극장, 수도교, 목욕장 등)이 광대한 도로망을 통해 속주민들에게까지 공유되었음을 확인할 수 있다.

이번에 번역 출간되는 《고대 로마 해부도감》은 1장에서 로마사의 시대적 흐름을 정리한 뒤 2장부터 6장까지 핵심 주제별(로마를 만든 인물들, 로마 군대와 전쟁들, 건축과 토목 기술, 로마인의 생활과 문화, 고대 도시 폼페이)로 세분화해 로마 문화의 씨줄과 날줄이 조화롭게 다루고 있다는 점에서 기존의 로마사 관련 도서들과 차별성을 지닌다. 30여 년 대학에서 로마사를 연구하고 가르친 전공자로서, 그리고 이 책의 감수자로서 평소 로마사에 관심을 가진 분들뿐만 아니라 로마사를 종합적으로 이해하고자 하는 교양 독자들에게 이 책의 일독을 권한다. 특히 이 책은 지중해 세계를 여행하면서 만나는 많은 로마 문화 유산들의 역사적 배경과 의의를 이해하는 데 많은 도움이 될 것으로 기대되기 때문이다.

김덕수(서울대 역사교육과 명예교수)

차례

들어가며 · 004
감수의 글 · 006
로마 제국의 최대 영토 지도 · 014
연표로 보는 고대 로마의 2천 년 역사 · 016

제1장 고대 로마의 2천 년 역사

건국에서 왕정을 거쳐 공화정으로 고대 로마의 시작 · 020
빛나는 승전에서 쓰라린 권력 투쟁으로 포에니 전쟁과 '내전의 세기' · 022
삼두 정치를 주도하고 정점에 오른 종신 독재관 카이사르 · 024
제2차 삼두 정치와 공화정의 종말 로마 황제 아우구스투스의 등장 · 026
전성기 로마가 실현한 지중해의 평화 오현제 시대 · 028
너도나도 무력으로 황제를 참칭한 혼란기 군인 황제 시대 · 030
강한 리더십으로 개혁을 추진한 사두 정치 및 제국 부흥기 · 032
300년 이상의 탄압을 견딘 그리스도교의 국교화 · 034
게르만족의 맹위 앞에 약해진 제국 동서 분열과 서로마 제국 멸망 · 036
15세기까지 존속한 동로마 제국과 로마 제국의 종말 · 038
한걸음 더 1 로마 공화정 도입의 계기가 된 루크레티아의 비극 · 040

제2장 고대 로마의 주요 인물과 황제 열전

숙적 카르타고를 무찌른 영웅 스키피오 · 042
로마 제일의 실력자이자 인기인 폼페이우스 · 044

제국의 기초를 닦은 위대한 영웅 카이사르 · · · · · · · · · · · · · · · · · · 046
카이사르의 후계자 경쟁에서 패배한 안토니우스 · · · · · · · · · · · · 048
자신을 신격화한 초대 황제 아우구스투스 · · · · · · · · · · · · · · · · · 050
로마 사상 가장 유명한 폭군 네로 · 052
행복한 시대를 실현한 다섯 황제 오현제 · · · · · · · · · · · · · · · · · · · 054
일개 병사에서 천하를 통일한 개혁자로 디오클레티아누스 · · · 056
세례받은 그리스도교 수호자 콘스탄티누스 · · · · · · · · · · · · · · · · 058
한걸음 더 2 로마에 반기를 든 여자들 부디카와 제노비아 · · · 060

제3장 최강 로마 군단과 전쟁

세 진형으로 나뉘어 적에 맞선 고대 로마군의 전투 방식 · · · · · 062
전통적이지만 강력했던 무기와 방호구 · 064
카르타고를 이긴 로마 해군의 해양 기술 · · · · · · · · · · · · · · · · · · · 066
도시를 가차 없이 파괴한 공성 병기 · 068
방어 거점이 아닌 전투 거점으로 건설된 요새와 성벽 · · · · · · · · 070
로마 함대 창설의 계기가 된 제1차 포에니 전쟁 · · · · · · · · · · · · 072
한니발이 이끄는 전투 코끼리와 대결한 제2차 포에니 전쟁 · · 074
헬레니즘 제국 정복의 발판이 된 마케도니아 전쟁 · · · · · · · · · · 078
공병대가 신속하게 봉쇄선을 구축하여 승리한 카이사르의 갈리아 원정 · · 080
'성전'을 구호로 내건 유대인의 반란 제1차 유대 전쟁 · · · · · · · 082
한걸음 더 3 로마 제국을 궁지로 몰아넣은 게르만족의 침입 · · 084

제4장 고대 로마의 건축과 토목 기술

목숨 건 싸움이 펼쳐진 원형 경기장	086
과격한 전차 경주가 인기를 끌었던 전차 경기장, 키르쿠스 막시무스	093
시민의 사랑을 독차지한 대중 오락의 현장 극장	096
도시를 윤택하게 한 탁월한 건축 기술 수도교	098
신분에 상관없이 많은 사람이 이용한 공중목욕장	102
신들을 향한 경외심과 깊은 신앙심이 드러나는 신전	106
시민들이 모여든 공공 광장 포룸	110
당대 최고의 권력자가 건설한 권위의 상징 황제의 궁전	112
부유층이 여가를 즐긴 호화로운 별장 빌라	114
전쟁의 승리를 기리는 건축물 개선문과 기념탑	116
로마의 발전을 떠받친 교통망 가도	118
한걸음 더 4 로마를 상징하는 말 'SPQR'은 무슨 뜻일까?	120

제5장 로마 시민의 생활과 문화

참정권을 식량, 오락과 맞바꾼 로마 시민을 조롱하는 말 '빵과 서커스'	122
신분에 따른 드레스 코드 옷차림과 머리 모양	124
드러누운 채 산해진미를 즐겼던 상류층의 식사와 연회	126
음식점에서 소박하게 끼니를 해결한 서민의 식사	130
상류층만 살았던 단독주택 부유층의 저택 도무스	132
세계 최초의 고층 아파트 서민의 집 인술라	134

열심히 일하고 잘 먹고 잘 놀았던 로마 시민의 하루 ······ 136
로마 시민들의 생활을 지탱한 노예 제도 ······ 138
가부장제 안에서 자유를 모색한 여성의 생활과 교육 ······ 142
외도, 동성애, 에로티시즘에 매료된 로마의 성 문화 ······ 144
타민족의 신까지 받아들여 폭넓게 발전한 로마의 종교 ······ 146
삶은 한순간, 죽으면 '무'로 돌아간다고 믿은 로마인의 장례와 묘지 ······ 148
한걸음 더 5 위대한 학자가 남긴 책 플리니우스의 《박물지》 ······ 150

제6장 소생하는 도시 폼페이

베수비오 화산 분화의 비극과 발굴 조사 ······ 152
도시의 다양한 기능을 담은 폼페이의 도시 계획 ······ 154
도시 폼페이의 번영을 상징하는 변화한 공공시설 ······ 156
개인 저택은 특권의 증거? 시민들의 주거 ······ 158
편리하고 풍요로웠던 폼페이인의 생활 ······ 160
디오니소스교의 의식을 그린 벽화가 있는 신비의 저택 ······ 162

주요 참고 문헌 ······ 164

로마 제국의 최대 영토 지도

로마 신화에 따르면 로마 왕국은 기원전 753년에 건국되었으며 건국 초기에는 작은 도시 국가였지만 타민족과의 전쟁과 융합을 되풀이하며 영토를 확대했다. 그리고 로마 제국은 기원후 117년 트라야누스(Marcus Ulpius Nerva Traianus Augustus) 황제 때 사상 최대의 영토를 확보했다.

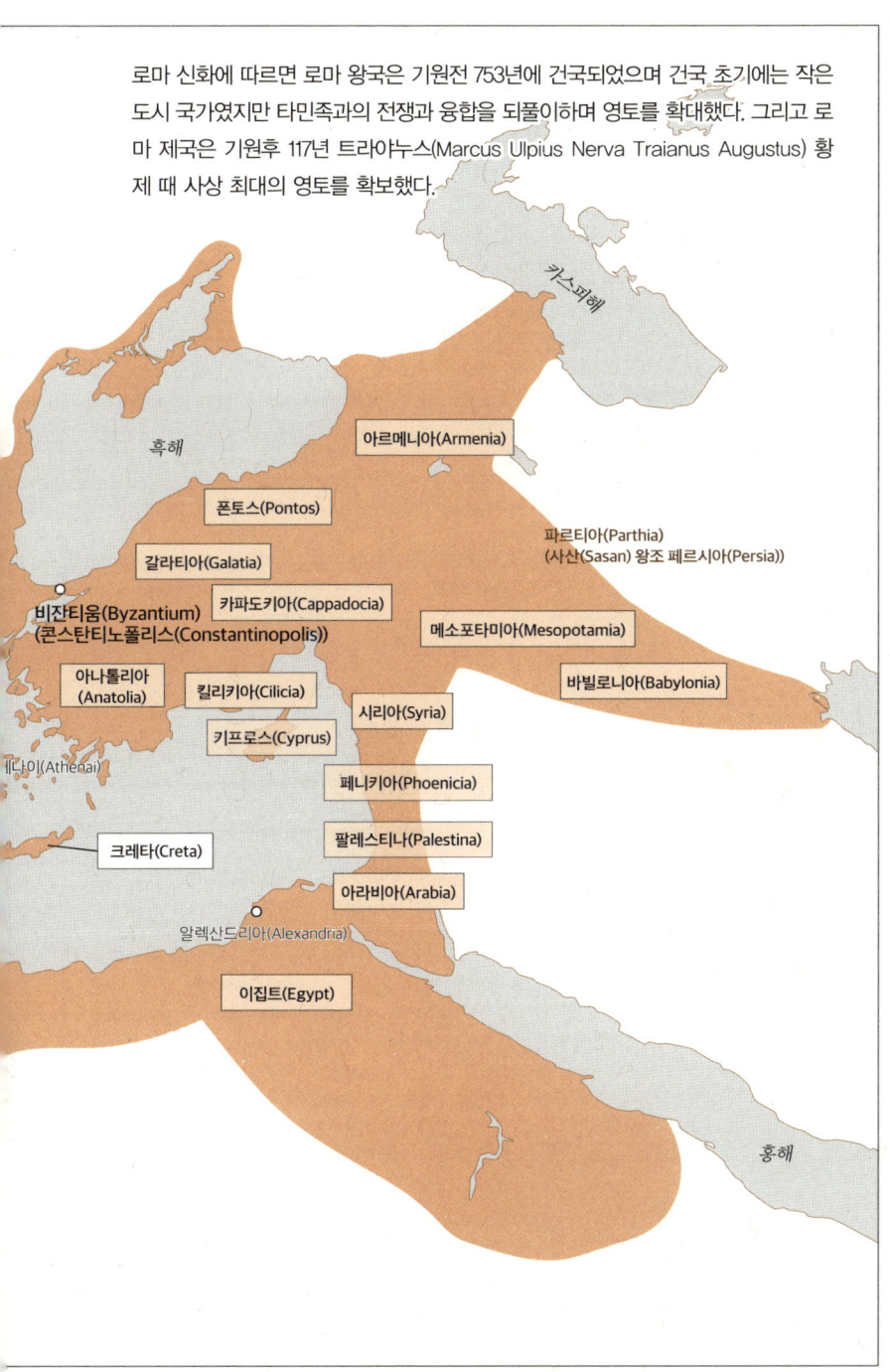

연표로 보는 고대 로마의 2천 년 역사

정치 체제, 황조 등	연대	사건
왕정	기원전 753년	초대 왕 로물루스(Romulus)가 로마 건국
	기원전 715년	사비니(Sabini)족 누마 폼필리우스(Numa Pompilius)가 2대 왕으로 즉위
	기원전 616년	에트루리아(Etruria)족 타르퀴니우스 프리스쿠스(Lucius Tarquinius Priscus)가 5대 왕으로 즉위
공화정	기원전 509년	7대 왕 타르퀴니우스가 추방된 후 왕정에서 공화정으로
	기원전 312년	아피우스(Appius) 가도 부설 시작
	기원전 272년	이탈리아반도 통일
	기원전 264년	제1차 포에니 전쟁 발발
	기원전 218년	제2차 포에니 전쟁 발발
	기원전 216년	칸나이 전투에서 한니발(Hannibal Barca)이 이끄는 카르타고군에 패배
	기원전 215년	제1차 마케도니아 전쟁 발발
	기원전 202년	자마 전투에서 스키피오(Publius Cornelius Scipio)가 이끄는 로마군이 한니발의 카르타고군에 승리
	기원전 200년	제2차 마케도니아 전쟁 발발
	기원전 149년	제3차 포에니 전쟁 발발
	기원전 146년	마케도니아와 아프리카의 로마 속주화
	기원전 133년	티베리우스 그라쿠스(Tiberius Sempronius Gracchus)의 개혁 시작
	기원전 123년	가이우스 그라쿠스(Gaius Sempronius Gracchus)의 개혁 시작
	기원전 107년	마리우스(Gaius Marius)의 군제 개혁 시작
	기원전 82년	코르넬리우스 술라(Lucius Cornelius Sulla Felix)가 종신 독재관으로 취임
	기원전 73년	스파르타쿠스(Spartacus)가 반란(제3차 노예 전쟁) 일으킴

POINT 왕정에서 공화정으로
현재의 이탈리아 로마에 도시 국가 로마 건국. 처음에는 왕이 통치했으나 민중 반란으로 공화정으로 전환. 시민이 정치에 적극적으로 참여하게 됨.

POINT 로마 제국의 탄생
카이사르 암살의 혼란을 수습한 옥타비아누스가 로마 개혁을 추진하며 사실상 황제로 취임. 로마 제국 탄생.

	제1차 삼두 정치	기원전 60년	카이사르(Gaius Julius Caesar), 폼페이우스(Gnaeus Pompeius Magnus), 크라수스(Marcus Licinius Crassus)가 제1차 삼두 정치 시작
		기원전 59년	카이사르가 집정관으로 취임
		기원전 58년	갈리아 전쟁 발발
		기원전 48년	폼페이우스 암살 후 카이사르가 내전 종식
		기원전 44년	카이사르가 브루투스(Marcus Junius Brutus) 등에 의해 암살
	제2차 삼두 정치	기원전 43년	안토니우스(Marcus Antonius), 옥타비아누스(Gaius Julius Caesar Octavianus), 레피두스(Marcus Aemilius Lepidus)가 제2차 삼두 정치 시작
		기원전 31년	악티움(Actium) 해전에서 옥타비아누스가 안토니우스와 클레오파트라(Cleopatra VII Philopator) 연합군에 승리
제정	율리우스-클라우디우스(Julius-Claudius) 황조	기원전 27년	옥타비아누스가 '아우구스투스(Augustus)'라는 존칭을 받고 초대 황제가 됨
		기원전 4년경	베들레헴에서 예수 탄생. 나사렛에서 자람
		6년	유다(Judah) 왕국의 로마 속주화
		30년경	예수가 십자가형에 처해짐
		41년	4대 황제 클라우디우스(Tiberius Claudius Nero Germanicus) 즉위
		54년	5대 황제 네로(Nero Claudius Caesar Augustus Germanicus) 즉위
		64년	로마 대화재 발생, 네로의 그리스도교도 박해
	플라비우스 황조	69년	황제 베스파시아누스(Titus Flavius Vespasianus) 즉위, 플라비우스(Flavius) 황조 개시
		79년	베수비오 화산 분화, 폼페이 멸망
	오현제 시대 네르바-안토니누스(Nerva-Antoninus) 황조	96년	황제 네르바(Marcus Cocceius Nerva) 즉위, 오현제 시대 시작
		101년	다키아 전쟁 발발
		117년	트라야누스 황제가 아르메니아 및 메소포타미아 병합, 로마 제국 최대 영토 달성
		117년	황제 하드리아누스(Publius Aelius Traianus Hadrianus) 즉위
		138년	황제 안토니누스 피우스(Titus Publius Aelius Hadrianus Antoninus Augustus Pius) 즉위
		161년	황제 마르쿠스 아우렐리우스(Marcus Aurelius Antoninus) 즉위

POINT 삼두 정치의 시작
거듭된 전쟁과 반란으로 군인 권력 확대. 카이사르 등 3인 동맹이 정치의 중심이 되고 공화정은 쇠퇴.

POINT 로마 제국 전성기
오현제 시대에 최대 영토를 확보하여 전성기 맞음. 그중 하드리아누스는 국내의 안정을 도모하여 인기를 누림.

제정	세베루스 황조	193년	황제 셉티미우스 세베루스(Lucius Septimius Severus) 즉위, 세베루스 황조 개시
		211년	황제 카라칼라(Caracalla, Marcus Aurelius Severus Antoninus) 즉위
	군인 황제 시대	235년	황제 막시미누스(Gaius Iulius Verus Maximinus Thrax) 즉위, 군인 황제 시대 개시
		260년	황제 발레리아누스(Publius Licinius Valerianus)가 사산조 페르시아의 포로가 됨
		272년	황제 아우렐리아누스(Lucius Domitius Aurelianus)가 팔미라(Palmyra) 정복
		284년	황제 디오클레티아누스(Gaius aurelius Valerius Diocletianus) 즉위
	사두 정치	293년	디오클레티아누스 황제가 사두 정치 시작
	콘스탄티누스 황조	306년	황제 콘스탄티누스 1세(Flavius Valerius Aurelius Constantinus) 즉위
		313년	밀라노 칙령으로 그리스도교 공인
		324년	콘스탄티누스 황제가 로마 제국 재통일
		330년	콘스탄티누스 황제가 비잔티움(나중의 콘스탄티노폴리스)으로 천도
	발렌티니아누스 (Valentinianus) 황조	375년	서고트족이 로마 제국 침입, 게르만족 대이동 시작
	테오도시우스 황조	379년	황제 테오도시우스(Flavius Theodosius) 즉위
		392년	테오도시우스 황제가 그리스도교 외의 종교 금지
	로마 동서 분열	395년	로마 제국이 동로마 제국과 서로마 제국으로 분열
		410년	서고트족이 로마시 약탈
		452년	훈족이 이탈리아 침입
		455년	반달족이 로마시 점거
		476년	게르만족 용병대장 오도아케르(Flavius Odoacer)가 어린 황제 로물루스 아우구스툴루스 폐위. 서로마 제국 멸망
		1453년	동로마 제국이 오스만 제국에 멸망

POINT 로마의 동서 분열
제국의 광대한 영토를 유지하지 못하고 동로마 제국과 서로마 제국으로 분열. 게르만족 유입으로 조금씩 쇠퇴하던 서로마 제국 멸망.

제 1 장

고대 로마의 2천 년 역사

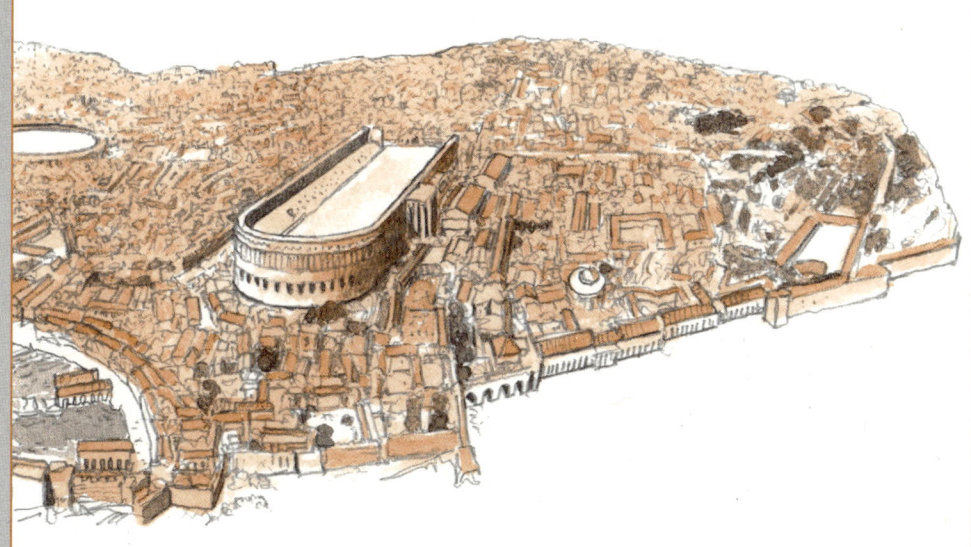

기원전 8~3세기

건국에서 왕정을 거쳐 공화정으로
고대 로마의 시작

신화에 따르면 로마 왕국은 기원전 753년에 라틴족[1]인 로물루스가 건국했다고 한다. 5대째부터는 이웃 나라 에트루리아족[2]이 왕위를 차지했으나 기원전 509년에 로마인이 봉기하여 오만한 왕을 추방한다(→ 40쪽). 그 후 로마인은 '자유인'이라는 의식이 강해져 독재자를 경계하며 공화정 시스템을 구축한다. 또 귀족에 대한 평민의 불만을 의식하여 평민의 권리를 지킬 호민관을 두는 등 제도를 차차 정비한다. 한편, 이민족으로 둘러싸여 있던 도시 국가 로마에는 전쟁이 끊이지 않았다. 로마가 라티움(Latium)[3]을 정복하자 주변 도시가 '라틴 동맹'을 맺고 로마에 저항했다. 그러나 로마는 주변 도시들을 차차 로마령으로 편입한다. 그리고 기원전 290년에 삼니움(Samnium)족[4]을 정복하여 이탈리아반도 중부를 제패하고 남부의 그리스 식민 도시까지 제압하여 기원전 272년에 이탈리아반도를 통일한다.

로마의 건국 신화

형 로물루스와 동생 레무스(Remus)는 쌍둥이 형제로, 목숨을 해치려 한 아물리우스(Amulius) 왕[5]의 명령으로 강에 버려지지만 늑대가 구해 준 덕분에 건강하게 자라 아물리우스에게 복수한다. 그러나 두 형제는 새로운 나라를 세우면서 서로 사이가 벌어진 끝에 결투를 치르게 되고 결국 로물루스가 초대 왕이 되어 로마를 건국한다.

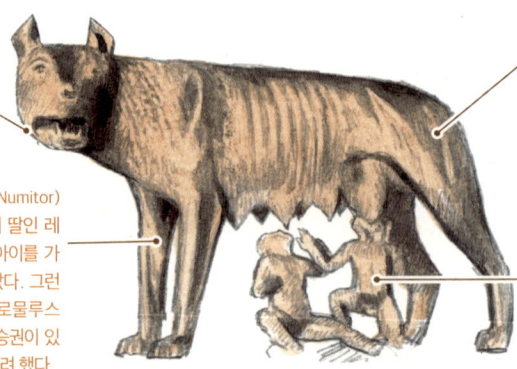

늑대 젖을 먹는 로물루스와 레무스의 청동상이 카피톨리니(Capitoline) 박물관에 소장되어 있다.

아직 아기였던 쌍둥이를 암컷 늑대가 데려다 키웠다. 늑대는 로마 축구팀의 상징이기도 하다.

아물리우스는 형 누미토르(Numitor)에게서 왕위를 빼앗고 그의 딸인 레아 실비아(Rhea Silvia)가 아이를 가질 수 없도록 여사제로 삼았다. 그런데 레아가 쌍둥이 형제인 로물루스와 레무스를 낳자, 왕위 계승권이 있는 두 사람의 목숨을 빼앗으려 했다.

로물루스와 레무스의 어머니 레아는 베스타(Vesta)[6]의 여사제(→147쪽)로서 순결을 지켜야 했으나 자신에게 한눈에 반한 군신 마르스(Mars)의 아들들을 임신했다.

1. 이탈리아 중서부에 살며 라틴어를 사용했던 고대 종족. 로마 문명의 기초를 쌓았다.
2. 로마 건국 이전에 중부 이탈리아에서 번영한 종족. 로마의 제도와 문화에 큰 영향을 끼쳤다.
3. 이탈리아반도 중부 서안의 넓은 평야 지대.
4. 고대 이탈리아반도의 주민. 문화 수준이 높고 호전적이었으나 기원전 88년에 로마에 멸망했다.
5. 로마 신화에 나오는 알바롱가 왕국의 14대 왕. 형 누미토르의 왕위를 찬탈해 왕이 되었으나 누미토르의 딸 레아 실비아가 낳은 쌍둥이 아들 로물루스와 레무스에게 죽는다. 로물루스와 레무스는 누미토르를 다시 왕으로 세웠고 그 보답으로 받은 영토에 새로운 도시 로마를 건설했다.
6. 그리스 신화의 헤스티아(Hestia)와 동일시되는 로마의 여신. 화덕을 지키고 가정의 질서를 담당한다.

기원전 753	509		60	27 기원후 1	235		476	
왕정	공화정		삼두 정치	제정 전기	제정 후기		동로마 제국	

020

공화정 체제

로마 공화정은 세나투스(Senatus), 즉 원로원이라는 자문 기관과 민회에서 선출한 정무관으로 이루어진 집행 기관을 두었다. 정무관 중 최고직은 2명의 집정관 콘술(Consul)이었다. 원로원은 귀족으로 구성됐으나 평민 중에서도 트리부누스 플레비스(Tribunus Plebis)라는 호민관을 선정하는 등 개인에게 권력이 쏠리지 않도록 하는 체제였다. 다만 비상시에는 딕타토르(Dictator)라는 독재관을 선출해 전권을 부여했다.

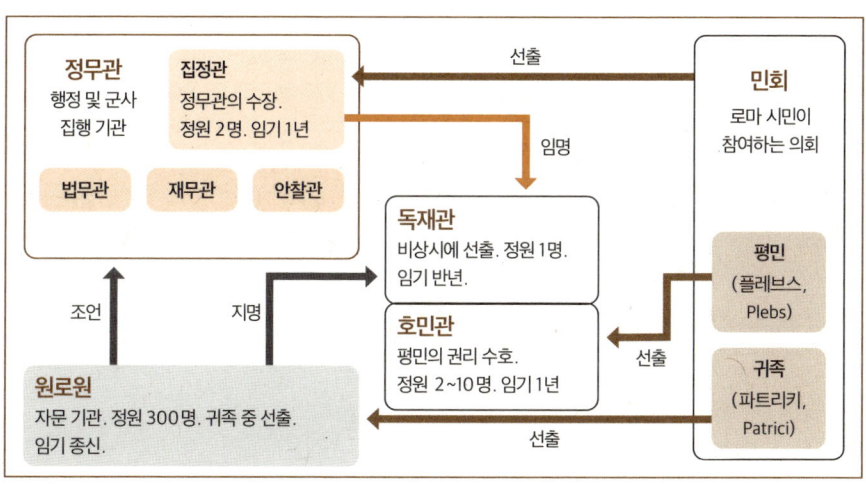

공화정 로마 전기의 위인

루키우스 퀸크티우스 킨키나투스
(Lucius Quinctius Cincinnatus)
두 번이나 독재관으로 부임해 로마의 비상사태를 해결했다. 멸사봉공의 군인으로 전설이 된 인물.

기원전 458년에 아이퀴(Aequi)족7과의 전투에서 집정관 1명이 전사하고 다른 1명이 포위당하자 독재관이 되어 군대를 이끌었다.

미국 오하이오(Ohio) 주의 도시 이름 신시내티(Cincinnati)의 어원.

루키우스 유니우스 브루투스
(Lucius Junius Brutus)
민중과 함께 왕을 추방하고 초대 집정관이 된다. 왕과 내통한 친아들을 처형하는 등 공화정을 지키는 데 힘썼다.

이름인 '브루투스'는 '우둔하다'라는 뜻이지만 강력한 연설로 시민을 고무하여 왕족을 타도했다.

7. 고대 로마 초기에 이탈리아 중부에 살았던 종족. 오랫동안 독립을 위해 투쟁했으나 결국 로마에 정복되었다.

기원전 3~2세기

빛나는 승전에서 쓰라린 권력 투쟁으로

포에니 전쟁과 '내전의 세기'

이탈리아반도를 통일한 로마는 서지중해의 패권을 둘러싸고 북아프리카의 도시 국가 카르타고[1]와 3차에 걸쳐 포에니[2] 전쟁(→ 72쪽)을 치렀다. 마지막까지 일진일퇴가 이어졌으나 스키피오[3] 장군(→ 42쪽)이 로마에 최종 승리를 안겨 주었다. 그 결과 카르타고는 철저히 파괴되고 로마는 이후 지중해 세계를 지배한다.

한편, 오랜 전쟁으로 황폐해진 농지를 유지하지 못해 팔아넘기는 무산 시민이 늘어나 그 농지를 사들인 귀족과 평민 사이의 빈부 격차가 커졌다. 그라쿠스 형제가 이 문제를 해결하려고 호민관이 되어 공유지 재분배를 추진했으나 대지주들의 방해로 좌절됐다. 그 후 집정관 마리우스가 군제 개혁(무산 시민이 각 장군의 지원병이 될 수 있게 함)으로 민중의 인기를 끌자 술라가 이끄는 명문 귀족으로 이루어진 귀족파가 저항하면서 로마에 '내전의 세기'가 시작된다.

로마가 이긴 포에니 전쟁

지중해의 패권을 둘러싸고 로마와 카르타고 사이에 포에니 전쟁이 일어난다. 제2차 포에니 전쟁에서는 카르타고의 한니발 장군이 승리하지만 자마(Zama) 전투에서 스키피오 장군의 책략이 성공하면서 결국 로마군이 승리한다.

자마 전투
기원전 202년 북아프리카의 자마에서 벌어진 전투로, 제2차 포에니 전쟁을 끝냈다. 카르타고의 코끼리 부대를 공략한 로마군이 최종 승리했다.

코끼리 부대
최전선에 배치되어 로마군에 위압감을 주었으나 로마군의 나팔소리와 투창 공격으로 혼란에 빠져 흩어지고 말았다.

1. 고대 페니키아족이 북아프리카에 건설한 도시 국가. 로마인은 카르타고 사람들을 '푸니키(Punici, 페니키아 사람들)'라고 불렀다.
2. 카르타고와의 전쟁은 라틴어로 벨라 푸니카(Bella Punica), 영어로는 퓨닉 워스(Punic Wars)다.
3. 스키피오 맏아들의 양자인 소(小) 아프리카누스와 구별하기 위해 대(大) 아프리카누스 또는 대(大) 스키피오라고도 부른다.

기원전 753	509		60	27 기원후 1	235	476	
왕정	공화정		삼두 정치	제정 전기	제정 후기	동로마 제국	

그라쿠스 형제의 개혁

포에니 전쟁 등 거듭된 전쟁에 병사로 동원되었던 중소 농민이 몰락하여 빈부 격차가 커졌다. 이 문제를 해결하려고 티베리우스와 가이우스 그라쿠스 형제가 개혁을 추진했으나 보수적인 귀족들의 방해로 둘 다 사망한다.

가이우스 그라쿠스(동생)
형의 유지를 이어받아 개혁을 추진하지만 반대파에게 습격당해 궁지에 몰린 끝에 자살한다.

티베리우스 그라쿠스(형)
어머니 코르넬리아(Cornelia)가 대 스키피오의 딸이어서 귀족 신분이었지만 평민을 대표하는 호민관이 되어 귀족의 기득권을 개혁하려 한다.

코르넬리아는 가이우스도 형처럼 비운에 죽지 않을까 걱정하는 마음을 편지에 담았다.

농지 개혁을 추진하여 대규모 공유지 보유를 금지하려 했으나 지주들의 반대로 실패. 결국 그의 독재를 두려워한 원로원 보수파에 살해당한다.

내전의 세기로

빈부 격차가 심해진 끝에 민중파(민회 기반)와 귀족파(원로원 등 보수층)가 격렬히 대립하는 '내전의 세기'가 시작되었다. 귀족파인 술라가 집정관으로 선출되자마자 로마를 점거하고 반대파를 숙청하자 민중파인 마리우스는 어쩔 수 없이 망명한다.

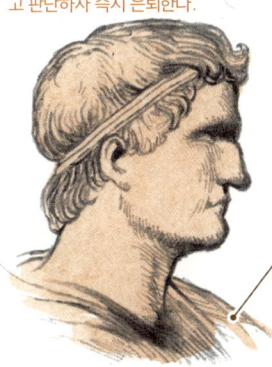

코르넬리우스 술라
기원전 88년의 집정관. 가난한 귀족 출신. 마리우스와 대립하여 수도 로마를 점거했으며 종신 독재관*이 되어 마리우스파를 무자비하게 숙청했다. 그 후 개혁을 마쳤다고 판단하자 즉시 은퇴한다.

무산 시민 구제책으로 지원병 제도를 도입하나 이 제도가 사병의 군권 강화를 초래한다.

부와 인맥을 동원하여 궁지를 여러 번 피해서 '펠릭스(Felix, 행운아)'로도 불린다.

마리우스는 인기 많은 술라를 질투하여 로마를 점거하고 술라의 친구를 살해했다. 나중에 결국 둘 사이에 사병을 동원한 전쟁이 벌어진다.

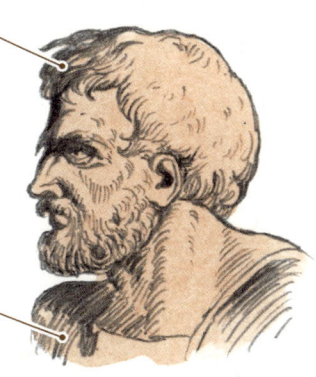

가이우스 마리우스
평민 출신으로, 젊은 시절 호민관이 된 후 귀족의 부패를 규탄하여 시민의 갈채를 받는다. 군인으로서도 유능하여 게르만족을 격퇴한다.

---

* 로마 공화정 초기부터 있었던 직책이나 상설직이 아닌 임시직이었다. 외적의 침략 등 비상시, 국론 일치를 위해 한 사람에게 모든 권한을 맡겨 위기를 극복토록 했다. 임기는 6개월이었으며 두 명의 집정관 중 한 명이 임명했다. 제2차 포에니 전쟁을 끝으로 임명되지 않다가 술라와 카이사르가 관행을 어기고 스스로 종신 독재관이 되었다. 술라는 4년 만에 독재관직을 내려놓았지만 카이사르는 종신 독재관 자리에 있다가 원로원 의원들에게 살해당했다.

기원전 60~40년

삼두 정치를 주도하고 정점에 오른
종신 독재관 카이사르

술라가 은퇴한 후 검투사 스파르타쿠스가 일으킨 반란(→ 90쪽)을 군사적 성과가 뛰어난 폼페이우스와 재산이 막대한 크라수스가 진압했다. 그리고 당시 민중의 절대적 인기를 누리던 명문 귀족 카이사르까지 3명이 '삼두 정치'라는 사적 정치 동맹을 맺고 카이사르를 집정관으로 취임시켜 로마를 좌지우지했다. 그러나 크라수스가 전사하자 나머지 둘 사이가 벌어졌다. 그래서 폼페이우스가 원로원과 결탁해 갈리아 원정(→80쪽)에서 돌아온 카이사르를 제거하려 했으나 카이사르는 이 사실을 미리 알고 무장한 채 귀국하여 폼페이우스를 제압했다.

무적이 된 카이사르는 종신 독재관으로 취임하여 영화를 누렸으나 종신 독재에 반감을 품고 자유의 회복을 주창한 브루투스 등 원로원 세력에 결국 암살당했다.

제3차 노예 전쟁(스파르타쿠스의 반란)

'내전의 세기'에는 노예의 반란이 잇달았다. 그중 제일 유명했던 검투사 스파르타쿠스의 반란을 나중에 카이사르와 삼두 정치를 전개하게 될 크라수스, 폼페이우스가 진압했다.

폼페이우스가 전쟁 결과를 보고할 때 지휘관 크라수스를 제치고 자신의 공만 강조한 탓에 둘의 사이가 벌어졌다.

제1차 노예 전쟁(기원전 135년~)과 제2차 노예 전쟁(기원전 104년~)은 시칠리아섬에서, 제3차 노예 전쟁은 이탈리아 본토에서 진행되었다.

전성기에는 반란군 규모가 7만 명이나 되었다.

스파르타쿠스
트라키아 출신의 노예 검투사. 기원전 73년에 동료들과 검투사 양성소를 탈주한 후 3년여 동안 이탈리아반도를 이동하며 로마군에 저항했다.

갈리아 원정으로 명성을 높인 카이사르

알프스 너머 갈리아(트란살피나)로 원정을 떠난 카이사르는 병사들을 '전우들'이라고 부르며 강한 유대감을 형성했다. 이 소문이 로마 병사들뿐만 아니라 갈리아 병사들에게까지 퍼졌으므로 원로원은 원정에 승리하여 명성을 높인 카이사르의 세력을 매우 경계했다.

갈리아의 장군 베르킨게토릭스(Vercingétorix). 패배를 깨끗이 인정하고 항복했으나 나중에 무참히 처형되었다.

한때 협조적이었던 갈리아족이 각지에서 다시 봉기한 탓에 전쟁이 길어졌다. 카이사르는 이 전쟁에서 100만 명을 죽이고 100만 명을 포로로 잡았다고 한다.

무려 8년간 이어진 원정의 역사가 카이사르의 저작 《갈리아 전쟁기》에 잘 기록되어 있다.

종신 독재관 카이사르의 암살

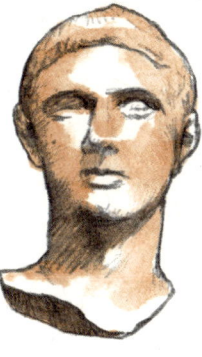

마르쿠스 유니우스 브루투스

카이사르에게 총애받으면서도 암살 계획에 가담했다. 심지어 어머니 세르빌리아(Servilia Caepionis)는 카이사르의 애인이었다. 숨을 거두기 직전 카이사르가 "브루투스, 너마저"라고 말한 것으로 유명하다.

카이사르는 로마에 돌아가자마자 원로원을 증원하여 신흥 귀족을 지지하고 로마 시민권을 확대하여 빈민을 구제했다. 뿐만 아니라 율리우스력을 도입하는 등 다양한 개혁을 추진하여 시민들의 열렬한 지지를 받았다. 그 결과 독재관의 임기를 무기한으로 연장하여 기원전 44년 1월에 종신 독재관으로 취임했다. 그러나 독재를 싫어하는 로마 역사의 예외가 되지 못하고 같은 해 3월 15일에 암살당했다.

암살 기념주화

암살 2년 후인 기원전 42년에 '암살 기념주화'가 발행되었다. 암살의 주모자로 알려진 브루투스가 직접 발행한 것이었다. 또, 일설에 따르면 암살 전 어떤 점술사가 카이사르에게 "3월 15일까지 조심하라"라며 암살 날짜를 정확히 말했다고 한다.

앞면에는 브루투스의 옆얼굴이 새겨져 있다.

뒷면에는 암살당한 날짜가 새겨져 있다.

기원전 44년~
기원후 68년

제2차 삼두 정치와 공화정의 종말

로마 황제 아우구스투스의 등장

카이사르는 유언을 남겨 양자 옥타비아누스[1]를 후계자로 지명했다. 이에 옥타비아누스는 카이사르의 후계를 자처했던 안토니우스, 레피두스와 잠시 힘을 합쳐(제2차 삼두 정치) 카이사르 암살의 주모자인 브루투스를 자살하게 만들었다. 그 후 3명의 권력 투쟁이 시작되었다. 그 결과 레피두스가 먼저 탈락하고 옥타비아누스는 서쪽 영토를, 안토니우스는 동쪽 영토를 지배하게 되었다. 두 사람의 최종 결전이었던 악티움 해전에서는 옥타비아누스가 승리했다.

승리한 옥타비아누스는 자신을 '로마 시민 제1인자(Princeps)'로 칭하는 등 원로원 및 공화정 제도를 존중하는 듯했으나 실제로는 호민관과 로마군 총사령관 등 요직을 겸하며 자신에게 권력을 집중시키는 원수정을 수립했다. 그리고 기원전 27년에 원로원에서 '아우구스투스(Imperator Caesar divifilius Augustus, 존엄자)'라는 존칭을 받아 초대 황제로 즉위했다.

제2차 삼두 정치의 시작

후계자로 지명된 옥타비아누스, 그리고 카이사르의 부하인 안토니우스와 레피두스가 힘을 합쳐 원로원을 제압하고 제2차 삼두 정치를 시작했다. 밀약에 기반한 제1차 삼두 정치와 달리 제2차 삼두 정치는 공식적이었다.

옥타비아누스
3명 중 최연소여서 원로원이 가장 반대했다. 이탈리아 등 서방을 지배했다

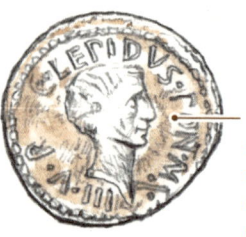

레피두스
카이사르가 종신 독재관이었을 때 기병대장이었다. 아프리카 속주를 지배했다.

안토니우스
카이사르의 친척이자 동료 집정관이었다. 이집트와 그리스, 서아시아 등 동방 속주를 지배했다.

1. 원래 이름은 가이우스 옥타비우스. 그러나 이후 여러 번 개명했으므로 편의상 '옥타비아누스'(옥타비우스 가문 출신이라는 뜻)로 부른다.

천하를 판가름한 악티움 해전

안토니우스는 옥타비아누스와의 결전을 위해 이집트의 프톨레마이오스(Ptolemaeus) 왕조와 연합했다. 전황은 안토니우스에게 유리했으나 이집트군의 클레오파트라가 전선을 이탈하고 안토니우스마저 클레오파트라를 따라 철수했으므로 옥타비아누스가 최종 승리하여 로마의 실권을 장악했다.

악티움 해전에서 옥타비아누스의 군대를 지휘한 사람은 옥타비아누스의 심복인 아그리파(Marcus Vipsanius Agrippa)였다. 아그리파는 거의 모든 전투에서 공을 세운 무장이었다.

아우구스투스의 후계자 게르마니쿠스의 죽음

아우구스투스에게 친아들이 없었으므로 양자였던 티베리우스(Tiberius Julius Caesar Augustus)가 2대 황제로 취임했다. 원래 티베리우스는 아우구스투스가 후계자로 삼으려던 게르마니쿠스(Germanicus Julius Caesar)에게 제위를 중계하는 역할만 맡았으나 게르마니쿠스가 일찍 죽는 바람에 죽을 때까지 황제로 재임했다. 후계인 3대 황제로는 게르마니쿠스의 아들 칼리굴라(Caligula→53쪽)[2]가 즉위했다.

게르마니쿠스의 아버지는 티베리우스의 동생이고 어머니는 아우구스투스의 조카였다. 이처럼 좋은 혈통을 타고났던 게르마니쿠스는 용모와 성격이 반듯한 데다 문무까지 갖추었으므로 시민들에게 인기가 많았다.

명망 높은 게르마니쿠스는 황제로 즉위하지 못했고 오히려 그의 악명 높은 아들 칼리굴라와 손자 네로가 즉위했다.

게르마니쿠스의 죽음에 대해서는 병사했다는 설도 있고, 티베리우스에게 독살당했다는 설도 있다.

절대적 인기를 누린 영웅이 죽은 후 로마 시민들은 큰 비탄에 빠졌다.

2. 공식적 이름은 가이우스 카이사르 게르마니쿠스(Gaius Julius Caesar Augustus Germanicus), 줄여서 가이우스(Gaius)다. '칼리굴라'는 어린 시절에 아버지 게르마니쿠스 휘하의 군단 병사들이 가이우스를 귀여워하며 붙여준 별명으로 '꼬마 장화'라는 뜻이다.

전성기 로마가 실현한 지중해의 평화
오현제 시대

96~180년

3대 황제 칼리굴라가 폭정을 일삼다 암살되자 그의 숙부 클라우디우스가 4대 황제가 되어 선정을 펼쳤다. 그러나 5대 황제 네로의 폭정으로 반란이 일어나 네로가 몰락하고 네 명의 장군이 내전을 치렀다. 이 내전을 수습한 베스파시아누스가 69년에 세운 플라비우스 황조도 3대 황제 도미티아누스(Titus Flavius Domitianus)가 암살되면서 무너졌다.

그 후 로마 제국의 전성기인 '오현제' 시대가 시작되었다. 그중 첫 번째 황제인 네르바는 원로원이 선출한 인망 있는 사람이었다. 두 번째인 트라야누스는 많은 전쟁에서 승리하여 로마 제국 영토를 최대로 넓혔다. 세 번째인 하드리아누스는 광대한 영토를 돌아다니며 제국의 위용을 드러냈다. 네 번째인 안토니누스 피우스는 23년간 다른 나라와 전쟁을 일으키지 않았고 다섯 번째인 마르쿠스 아우렐리우스 안토니누스는 군사보다 학문을 좋아했다. 이 오현제가 통치한 시대를 '팍스 로마나(Pax Romana, 로마의 평화)'라고 한다.

군사적 성과를 시민에게 선전한 트라야누스

네르바의 양자인 트라야누스는 유능한 군인이어서 재임 19년간 다키아[1], 아르메니아[2], 메소포타미아[3] 등을 병합했다. 이 전쟁의 전리품을 공공사업에 활용한 덕분에 로마 시민의 생활이 윤택해졌다.

트라야누스 기념 기둥(→117쪽)
트라야누스의 영광을 칭송할 목적으로 만든 원기둥. 113년에 완성되었으며 높이가 38m나 된다.

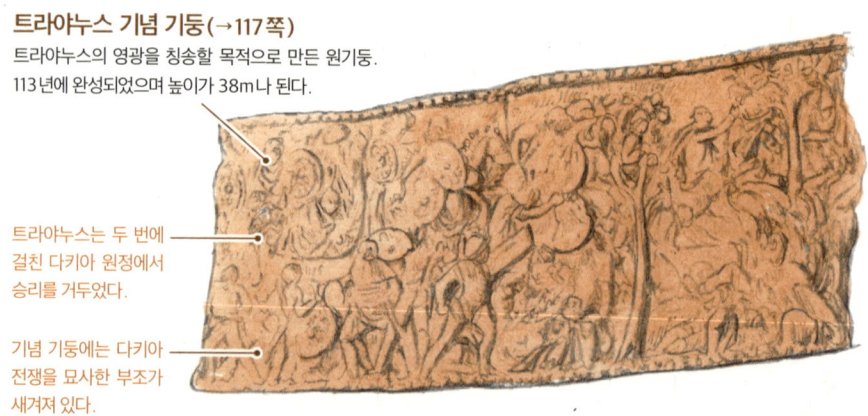

- 트라야누스는 두 번에 걸친 다키아 원정에서 승리를 거두었다.
- 기념 기둥에는 다키아 전쟁을 묘사한 부조가 새겨져 있다.

1. 다뉴브강 하류 북쪽 연안 지방의 옛 이름. 고대 로마 제국의 속주 중 하나로 동유럽 라틴계 민족의 거주지. 대략 현재의 루마니아에 해당.
2. 현재의 아르메니아와 튀르키예, 조지아, 아제르바이잔 지방을 일컫는 고대의 지역명.
3. 현재의 이라크와 시리아의 북동부, 이란의 남서부가 포함된 지역을 일컫는 고대의 지역명.

로마 제국의 최대 영토

트라야누스 황제는 제국의 영토를 최대로 넓혔으며 다음 대의 하드리아누스 황제는 장성을 구축하여(→71쪽) 이민족의 침입을 방지했다. 덕분에 안토니누스 피우스 황제 시대에 '팍스 로마나'가 계속 이어졌으므로 '안토니누스의 시대에는 역사가 없었다'라고 말하는 사람도 있다.

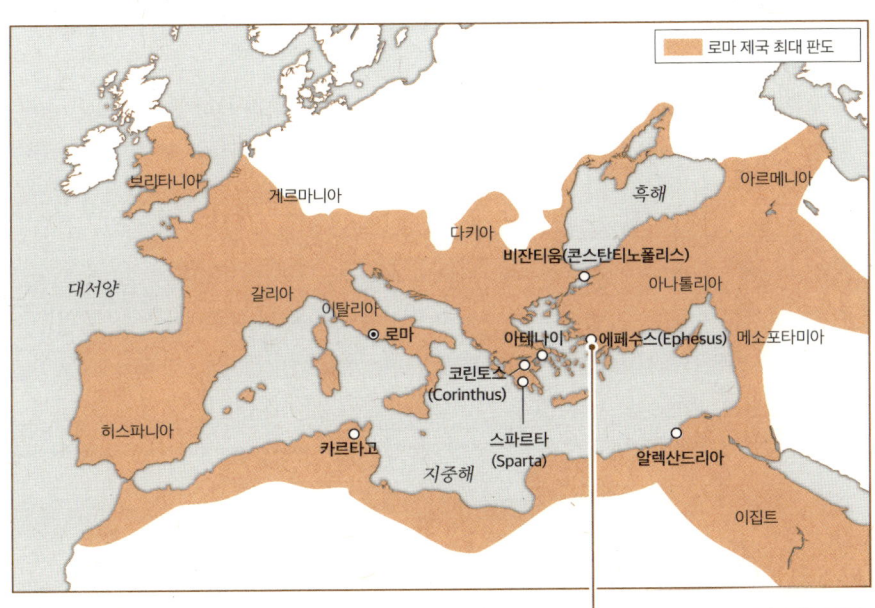

속주 전역을 순회하여 '여행하는 황제'로 불린 하드리아누스

현재 튀르키예의 도시인 에페수스는 로마 제국의 아시아 속주였다. 재임 기간의 절반을 속주 시찰에 할애한 하드리아누스가 이곳을 방문한 것을 기념하여 시민들이 신전을 지어 바쳤고 그 유적이 지금까지 남아 있다.

130~138년경에 세워져 하드리아누스 황제에게 바쳐진 신전.

메두사(Medusa)
아치문의 부조. 그리스 신화의 이 괴물은 마귀를 쫓는 상징으로 로마에 전해졌다.

029

너도나도 무력으로 황제를 참칭한 혼란기

군인 황제 시대

180~284년

오현제 중 마지막인 마르쿠스 아우렐리우스 안토니누스가 친아들 콤모두스 (Lucius Aurelius Commodus Antoninus)에게 제위를 물려주었으나 콤모두스가 폭정을 일삼다 암살된 후 다시 내전이 시작된다.

속주 출신의 셉티미우스 세베루스가 이 내전을 수습하고 세베루스 황조를 열었지만 2대 황제인 '카라칼라'가 폭군으로 군림하며 혈연까지 숙청하는 격렬한 싸움이 다시 이어졌다. 게다가 그 뒤를 이은 어리석은 황제 엘라가발루스 (Elagabalus, Sextus Varius Avitus Bassianus)[1]는 색욕에 빠져 나라를 한층 불안하게 만들었다. 235년에 세베루스 황조가 5대로 끝난 후 로마는 '3세기의 위기'로 불리는 시대로 돌입했다. 이 시대에는 게르만족, 파르티아족[2] 등 이민족이 국경을 빈번히 침범했으므로 군대를 앞세운 사람이 황제를 참칭하는 일이 많았다. 결국 무력으로 황제가 교체되는 '군인 황제 시대'가 시작되었고 제국의 권위는 크게 떨어졌다.

검투사 폭군 콤모두스

오현제의 뒤를 이은 콤모두스는 마르쿠스 아우렐리우스의 아들이자 안토니누스 피우스의 외손자로, 누나 루킬라(Annia Aurelia Galeria Lucilla)에게 암살당할 위기를 가까스로 넘긴다. 그런 다음 자신이 직접 등용한 근위대장 클레안데르(Marcus Aurelius Cleander)를 전횡을 저지른 죄로 처형하고 이후에도 처형과 추방을 반복했다.

콤모두스
재위 180~192년. 18세에 즉위한 후 검투사로서 직접 검을 휘두르는 데에만 열중하고 정치는 소홀히 했다. 독살은 간신히 피했으나 결국 교살로 암살당했다.

그리스 신화의 반인반신 영웅 헤라클레스 (Heracles)의 화신을 자처하여 신화에 등장한 헤라클레스처럼 사자 가죽을 두르고 곤봉을 든 모습을 조각상으로 남겼다.

---

1. '태양신 엘라가발의 성소를 관리하는 자'라는 뜻의 별칭. 황제의 공식 이름은 '안토니누스'지만 생전부터 '아비투스'로 더 많이 불렸으며 로마 귀환 이후에는 자신이 섬기는 신의 이름을 따서 '엘라가발루스'로 불렸다.
2. 기원전 247년, 이란계 유목민이 카스피해 동남쪽에 세운 고대 국가. 아르사케스(Arsakes)가 건국하였으며, 기원후 226년 사산 왕조 페르시아에 멸망했다.

최초의 이민족 황제 세베루스

북아프리카 속주 출신이었던 세베루스는 즉위 후 군대 내의 속주 출신자 차별을 금지하는 등 개혁을 추진한다. 이후 원로원의 저항에 부딪히자 대량 숙청을 거쳐 자기 뜻에 따르는 자들을 요직에 앉혔다.

셉티미우스 세베루스
재위 193~211년. 로마의 숙적이었던 카르타고 출신으로 아프리카 억양의 라틴어를 구사했다고 한다.

세베루스 황제의 개선문
파르티아 원정의 승리를 기념하여 포룸 로마눔(Forum Romanum → 110쪽)[3]에 건설되었다. 아들 카라칼라와 게타(Publius Septimius Geta)의 업적을 찬양하는 비문도 함께 있었으나 이후 카라칼라가 게타를 죽인 후 게타에 관한 비문은 삭제되었다고 한다.

50년 동안 약 70명의 황제가 난립한 군인 황제 시대

세베루스 황조가 무너진 후 군사적으로 공을 세운 사람이 명망을 얻어 황제로 추대되는 일이 잦았다. 다만 70명 중 '정식'으로 황제가 된 사람은 26명 정도에 불과했고 대부분은 원로원의 인정을 받지 못한 참칭 황제였다.

루도비시(Ludovisi)의 석관[4]
로마인과 게르만족의 싸움을 묘사한 석관. 이 싸움에서 군인 황제인 데키우스(Gaius Messius Quintus Decius Valerinus)가 전사했다. 데키우스는 게르만족과의 전투에서 죽은 최초의 황제였다.

이 석관의 주인은 데키우스의 아들이자 공동 황제인 에트루스쿠스(Quintus Herennius Etruscus Messius Decius)인 듯하다. 역시 이 싸움에서 전사했다.

3. 로마의 명소 중 하나. 카피톨리누스(Capitolinus) 언덕과 팔라티누스(Palatinus) 언덕 사이의 저지대로 고대 로마의 생활 중심지였으며 사법, 정치, 종교 등의 활동이 활발히 이루어졌던 곳이다.
4. 로마 테르메 미술관(Museo delle Terme di Diocreziano)의 루도비시 컬렉션에 포함된 고대 로마의 석관.

284~337년

강한 리더십으로 개혁을 추진한

사두 정치 및 제국 부흥기

길었던 군인 황제 시대를 끝내고 284년에 디오클레티아누스 황제가 즉위했다. 그는 무관(군정)과 문관(민정)을 분리한 관료제를 만들고, 광대한 로마 영토를 동서로 나누어 각각 정황제와 부황제를 두는 사두 정치(테트라키아, Tetrarchia)를 채택해 변경의 반란을 억제했다.

이후 권력 투쟁이 다시 일어나지만 머잖아 강력한 지도자인 콘스탄티누스가 등장하여 황제로 즉위했다. 콘스탄티누스는 디오클레티아누스의 개혁을 계승하는 한편 사두 정치를 폐지하고 단독으로 로마를 통치했다. 나아가 종교 정책을 크게 전환하여 그리스도교를 인정하는 '밀라노 칙령'을 선포하고 시민에게 종교의 자유를 보장했다.

콘스탄티누스는 또한 콘스탄티노폴리스(지금의 튀르키에 이스탄불)라는 대도시를 건설하고 수도를 이곳으로 옮겼다. 이후 이 도시는 1천여 년 이상 동로마 제국의 수도로서 명성을 누렸다.

디오클레티아누스 황제의 사두 정치

자신은 군사적으로 중요한 동방 영토와 속주들을 직접 다스리고, 심복인 막시미아누스(Marcus Aurelius Valerius Maximianus)를 공동 황제로 삼아 이탈리아 본토 등 서방 영토를 다스리게 했다. 그리고 각자 임명한 부황제까지 총 4명이 로마를 4분할하여 통치했다.

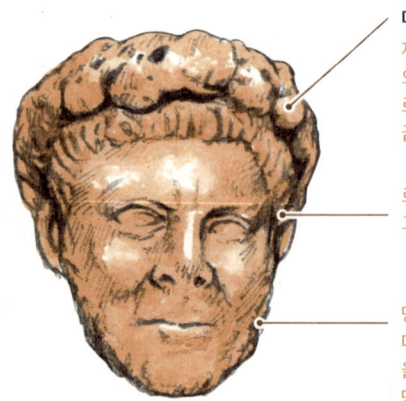

디오클레티아누스

재위 284~305년. 해방 노예의 아들이었으나 군인으로 출세하여 군대의 추천으로 황제가 되었다. 그는 군인 황제 시대를 끝내고 나서 사두 정치를 도입하였다.

로마 신화의 신들을 숭배하라고 강요하며 그리스도교를 심하게 박해했다.(→34쪽).

명목은 '사두 정치'였지만 동방 황제인 디오클레티아누스 자신이 가장 큰 권력을 행사했으며 퇴위할 때 서방 황제인 막시미아누스까지 함께 퇴위시켰다.

4분할된 영토와 각각의 수도

동방 영토의 수도는 니코메디아(Nicomedia, 현 튀르키예), 서방 영토의 수도는 메디올라눔(Mediolánum, 현 이탈리아 밀라노)이었다. 제국의 수도였던 로마는 어떤 황제도 거점으로 삼지 않았다.

4황제의 상
분할되었어도 통일 국가라는 점과 네 황제의 결속이 강하다는 점을 강조한다.

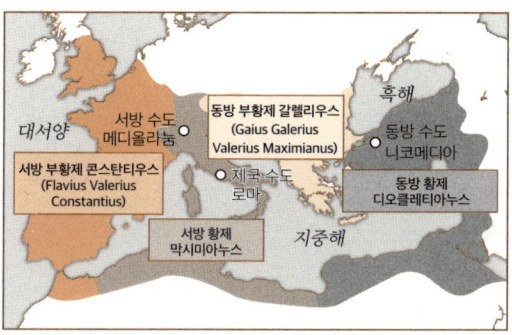

제국 수도 콘스탄티노폴리스의 탄생

이 도시는 원래 '노바 로마(Nova Roma, 새로운 로마)'로 명명되었으나 처음부터 '콘스탄티노폴리스(콘스탄티누스의 도시)'로 불렸다. 그리고 동로마 제국은 그리스의 식민 도시인 비잔티움에 건설되었으므로 후세에 비잔티움 제국으로 불리게 되었다.

콘스탄티누스 원기둥
콘스탄티노폴리스를 건설할 때 세워진 기념 시설.

경마장(히포드롬, Hippodrome)
그리스 식민시 시대에 건설되었다고 한다.

하기아 소피아(Hagia Sophia → 38쪽)
동로마 시대에 건설된 그리스 정교회 성당. 나중에 모스크가 되었다.

콘스탄티노폴리스
콘스탄티누스 황제가 새로 건설한 대도시. 현재의 이스탄불에 해당한다. 나중에 동로마 제국의 수도가 되어 1453년에 제국이 멸망할 때까지 지중해 지역의 중심 도시로 번영했다.

300년 이상의 탄압을 견딘

그리스도교의 국교화

로마는 원래 속주민의 종교에 너그러웠다. 그러나 구세주 예수를 믿는 그리스도교만은 로마 제국에서 오랫동안 박해당했다. 정확한 이유는 밝혀지지 않았지만, 그리스도교도가 다른 종교의 신과 신도를 인정하지 않고 비판하며 황제의 신성을 침해할 위험성이 있다고 여겼기 때문일 것이다.

애초에 교조인 예수가 로마 제국에 반역을 저지른 죄로 십자가형을 당했고 제자인 베드로 역시 네로 황제(→ 52쪽)에게 '로마 대화재'의 범인으로 몰려 수많은 그리스도교도와 함께 처형되었다. 특히 로마의 신들을 중시한 디오클레티아누스 황제가 그리스도교를 심하게 박해했다.

그러나 10여 년 후 대전환이 일어나 콘스탄티누스 황제가 그리스도교를 공인했다. 그리고 392년에는 독실한 그리스도교도였던 테오도시우스 황제가 그리스도교를 로마의 국교로 정했다.

초기 그리스도교

예수의 제자들이 열심히 전도한 결과 예수가 죽은 지 약 20년 후 로마 제국 각 도시에 그리스도교 교회가 지어지고 예배 의례와 조직 등이 정비되기 시작했다.

카타콤(Catacomb)
땅에 굴을 파고 시신을 매장한 지하 묘지. 그리스도교 예배나 집회 장소가 함께 지어진 곳도 있다.

그리스도교가 국교로 지정된 후 카타콤 위 지상에 교회와 묘지가 건설되었다.

니케아 공의회

콘스탄티누스 황제는 그리스도교를 국가 통일의 기반으로 삼으려 했다. 그러나 교리 해석을 둘러싸고 두 교파가 대립했으므로 황제가 325년에 니케아 공의회를 열었고 그 결과 예수의 신성을 부정한 아리우스(Arius)파가 이단으로 규정되었다.

공의회에 100명 이상이 참석했다.

콘스탄티누스 황제
콘스탄티누스 황제는 '예수는 신이 아니다'라고 주장하는 아리우스파를 지지했다고 한다. 실제로 공의회가 끝난 후에도 아리우스파에게 관대한 편이었다.

아타나시우스(Athanasius)
니케아 공의회에서 아리우스파에 맞선 인물. 아타나시우스가 이끈 '아타나시우스파'의 주장이 그대로 니케아 신조가 되었다.

니케아 신조(Nicaenum)
공의회에서 채택한 기본 신조. 일신교인 그리스도교 특성상 '예수가 신이냐 아니냐'가 첨예한 쟁점이 되었다. 공의회는 이에 대해 '아버지인 하나님과 예수는 동일하다'라고 선언했다.

정통 교파 인증 및 그리스도교 국교화

제1차 콘스탄티노폴리스 공의회는 381년에 니케아파(아타나시우스파)의 주장을 다시금 정통 그리스도교 교리로 인정했다. 그리고 392년에는 그리스도교를 국교로 공인하고 다른 종교를 금지했다. 그 결과 사람들이 오래전부터 믿었던 로마의 신들이 부정당했고 올림픽 등의 행사도 폐지되었다.

성 베드로 대성당(San Pietro Basilica)
네로의 박해로 순교한 성 베드로의 무덤 위에 세워졌다고 한다.

로마의 바티칸 시국(Stato della Citta del Vaticano)은 현재 가톨릭교회의 총본산이다. 가톨릭(Catholic)이란 '보편적'이라는 뜻이다.

게르만족의 맹위 앞에 약해진 제국

동서 분열과 서로마 제국 멸망

395~476년

콘스탄티누스 이후에 제국을 단독으로 통치한 황제도 있었지만, 테오도시우스 황제가 두 아들에게 로마를 동서로 나누어 통치하게 한 이래 로마는 계속 동서로 분할되어 있었다. 특히 동로마는 '비잔티움 제국'으로 불리며 독자적으로 발전한다(→ 38쪽).

한편 서로마 제국은 점점 약해졌다. 북방에서는 억센 게르만족이 나라를 세우고 로마 영토를 침범했다. 그중에서도 반달 왕국과 서고트 왕국 등이 쳐들어와 정권을 장악하자 군사 요직이 이민족 출신자들로 채워졌으며 황제도 유명무실해졌다. 그러다 결국 476년에 게르만족이자 로마의 용병대장이었던 오도아케르가 쿠데타를 일으켜 서로마 황제를 폐위하고 황제가 없는 상태로 로마를 지배한다. 사실상 서로마 제국이 멸망한 것이다.

제국의 동서 분열

테오도시우스 황제는 동서 로마 제국을 실질적으로 혼자 통치한 마지막 황제다. 테오도시우스가 사후 두 아들에게 로마를 동서로 나누어 통치하도록 한 후 로마는 다시 하나가 되지 못했다.

테오도시우스 1세
그리스도교를 국교로 정했으며 아들 호노리우스(Flavius Honorius)를 서로마 황제로, 다른 아들 아르카디우스(Arcadius)를 동로마 황제로 지명해 로마를 동서로 분열시켰다.

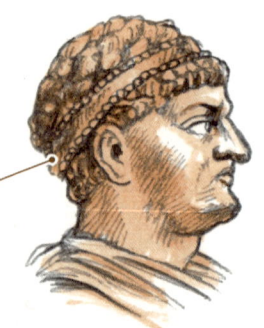

호노리우스
테오도시우스 1세의 차남. 서로마 제국을 멸망으로 이끈 어리석은 황제로 유명하다.

게르만족의 대이동

게르만족은 점점 남하하여 브리타니아, 히스파니아, 북아프리카 등을 침략하고 나라를 세웠다. 375년에 훈족의 위협으로 쫓겨난 서고트족이 로마 제국 영토를 침입했을 때 이들의 대이동이 시작되었다고 한다.

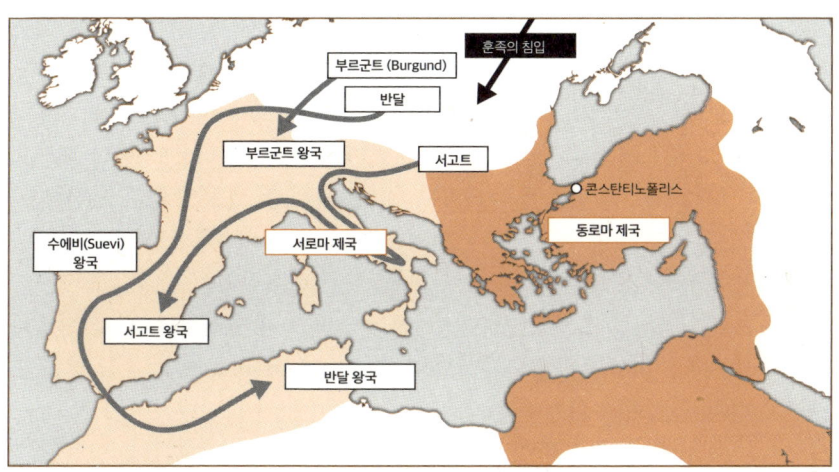

서로마 제국의 멸망

게르만족 용병대장 오도아케르가 쿠데타로 마지막 서로마 황제를 폐위시켰다. 그런데 마지막 황제의 이름이 아이러니하게도 로마의 시조와 초대 황제의 이름을 각각 딴 '로물루스 아우구스툴루스(Romulus Augustulus)'였다.

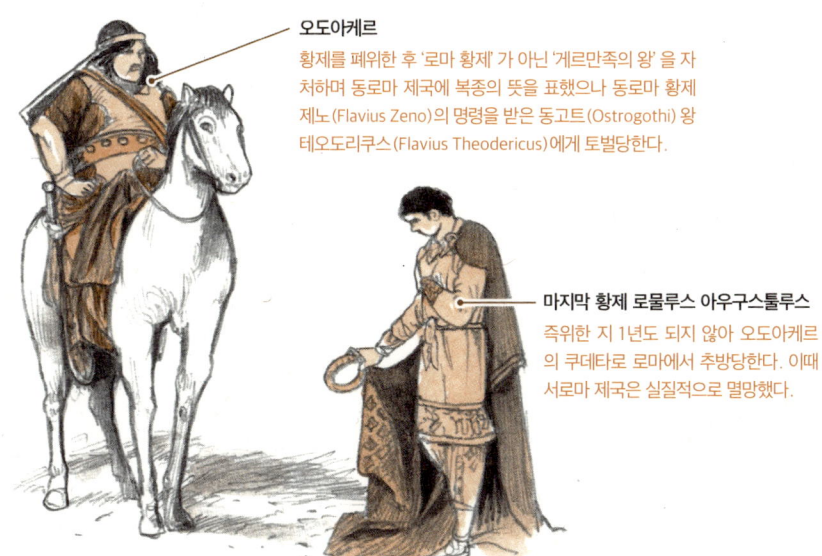

오도아케르
황제를 폐위한 후 '로마 황제'가 아닌 '게르만족의 왕'을 자처하며 동로마 제국에 복종의 뜻을 표했으나 동로마 황제 제노(Flavius Zeno)의 명령을 받은 동고트(Ostrogothi) 왕 테오도리쿠스(Flavius Theodericus)에게 토벌당한다.

마지막 황제 로물루스 아우구스툴루스
즉위한 지 1년도 되지 않아 오도아케르의 쿠데타로 로마에서 추방당한다. 이때 서로마 제국은 실질적으로 멸망했다.

395~1453년

15세기까지 존속한 동로마 제국과
로마 제국의 종말

동로마는 서로마가 멸망한 후에도 약 1천 년 동안 존속했다. 서로마와 마찬가지로 훈족 등이 침입했으나 수도 콘스탄티노폴리스가 난공불락이었던 점과 기동성 있는 용병술을 썼던 점 등 몇 가지 이유로 이민족을 물리칠 수 있었다. 심지어 동로마는 6세기의 유스티니아누스 1세(Justinianus I) 때 지중해 세계와 이탈리아반도를 탈환하기도 했다. 또한 《로마법 대전(Corpus Juris Civilis)》을 편찬하여 로마 제국의 법률을 정리하고 체계화하는 등 예전의 영광을 잠시 되찾기도 했다. 그러나 그 후 랑고바르드(Langobard) 왕국 및 페르시아, 이슬람 세력과 충돌하면서 영토가 늘어났다 줄어들기를 반복한다.

그리고 800년에 프랑크 왕국(Frankenreich, 게르만족 국가 중 하나)의 왕 샤를마뉴(Charlemagne, 카롤루스 대제)가 로마 교황에게서 '로마 황제' 칭호를 받은 후로 서유럽과 동로마는 완전히 동떨어진 역사를 만들어 나간다. 그리고 동로마 제국은 먼 훗날인 1453년에 오스만 튀르크(Osman Türk)의 공격으로 멸망한다.

동로마 제국에서 탄생한 비잔티움 문화

동로마 제국은 '비잔티움 제국', '그리스 제국'으로도 불린다. 동서 분열 이후 그리스화가 진행되어 사람들이 라틴어 대신 그리스어를 쓰게 된 후 그리스, 로마, 동방의 문화가 융합하여 독특한 비잔티움 문화를 낳았기 때문이다.

비잔티움 제국의 모자이크화
동로마 제국에서는 작은 조각을 이어 붙여 그림을 완성하는 교회 벽화 형식이 발달했다. 위의 모자이크화에는 예수와 11세기의 황제 콘스탄티노스 9세(Constantine IX Monomachos) 부부가 그려져 있다.

하기아 소피아 대성당
콘스탄티노폴리스의 하기아 소피아 대성당은 비잔티움 문화를 대표하는 건축물이었으나 비잔티움 제국 멸망 후 이슬람교의 사원(모스크, Mosque)이 되었다.

콘스탄티노폴리스 함락

이슬람 세력은 7세기경부터 중동에서 생겨나 동로마 제국과 대립하다가 11세기경 동로마를 침공하기 시작했다. 이에 서서히 쇠퇴하던 동로마 제국은 1453년에 오스만 튀르크의 공격으로 수도 콘스탄티노폴리스를 잃고 멸망한다.

예니체리(Yeniceri)
그리스도교의 자식을 이슬람교도로 개종시켜 구성한 부대. 처음에는 병사들이 전쟁 포로인 노예 신분이었으나 나중에 다양한 특권을 얻게 된다. 콘스탄티노폴리스 포위전에서는 왕 직속 정예 부대로 1만 명이 동원되었다.

메흐메드 2세(Mehmed II)
오스만 튀르크의 왕(술탄, Sultan)으로 아나톨리아반도, 발칸반도까지 세력권을 대폭 확대하여 '정복왕'으로 불린다. 오스만 튀르크를 실질적 제국으로 만든 실력자.

우르반의 대포

메흐메드 2세가 헝가리인(마자르족) 우르반(Urban)에게 개발하게 한 대포. 포신은 약 8m, 탄환은 무려 500kg 이상이었지만 명중도가 낮고 내구성이 떨어져 하루 7회밖에 발사할 수 없었다고 한다.

콘스탄티노스 11세 팔레올로고스
(Constantine XI Palaiologos)
비잔티움 제국을 포함한 로마 제국 최후의 황제. 전쟁 중에 행방불명된 데다 나중에 발견된 시신도 본인이라는 확증이 없어 '어느 날 부활하여 로마 제국을 재건할 것이다'라는 전설을 낳았다.

한걸음 더 1

로마 공화정 도입의 계기가 된
루크레티아의 비극

로마가 공화정을 도입한 배경에는 한 여성의 비극적인 사건이 있었다.

로마 왕 타르퀴니우스는 '오만왕'이라고 불리는 폭군이어서 시민의 불만이 높았다. 그런 중에 타르퀴니우스의 아들 섹스투스(Sextus Tarquinius)가 정숙하고 아름다운 루크레티아(Lucretia)에게 욕정을 품고 그녀의 남편 콜라티누스(Tarquinius Collatinus)가 전선에 나가 있을 때 집에 숨어들어 칼을 들이대며 위협했다. 루크레티아는 저항했지만 섹스투스가 "방에 노예의 시체를 갖다 놓아 너와 간통하다가 살해당한 것으로 꾸미겠다"라고 협박하자 굴복하여 몸을 내주었다. 다음날 남편과 아버지에게 자초지종을 털어놓자 남편이 위로하며 용서했지만, 루크레티아는 "죄에서 벗어날 수는 없다"라며 가슴에 단검을 찔러 자살했다. 그러자 그 자리에 함께한 콜라티누스의 친구 브루투스(Lucius Junius Brutus)가 그 피 묻은 단검을 뽑아 들고 "왕가의 포학무도함을 용납할 수 없으니 그 일족을 추방하자"라고 외쳤다. 이에 로마 시민이 봉기하여 왕가를 추방했다. 그 결과 공화정이 실현되었고 초대 집정관으로 브루투스와 콜라티누스가 취임했다. 루크레티아가 실존한 인물이었는지, 이런 사건이 실제로 일어났는지는 밝혀지지 않았다. 그러나 용감한 루크레티아의 이미지는 후세의 예술가들에게 큰 영감을 주었다.

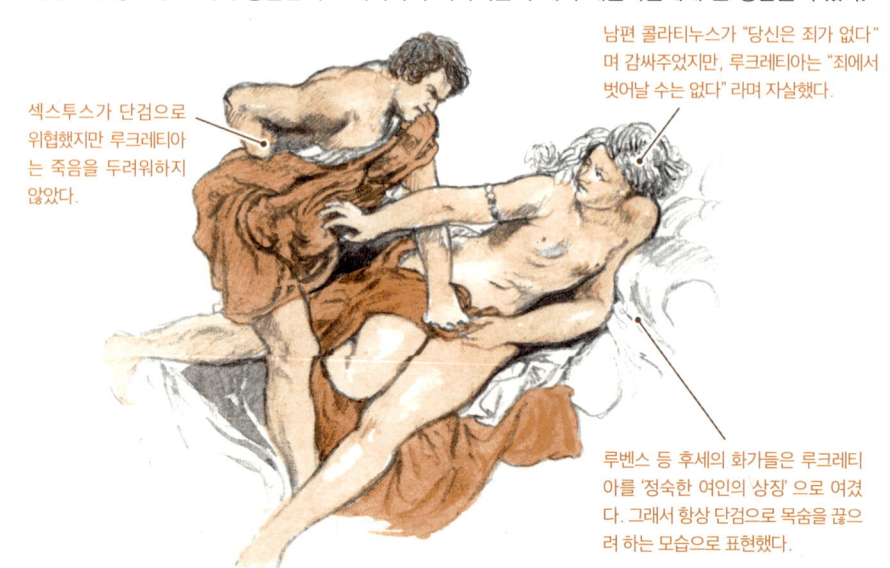

- 섹스투스가 단검으로 위협했지만 루크레티아는 죽음을 두려워하지 않았다.
- 남편 콜라티누스가 "당신은 죄가 없다"며 감싸주었지만, 루크레티아는 "죄에서 벗어날 수는 없다"라며 자살했다.
- 루벤스 등 후세의 화가들은 루크레티아를 '정숙한 여인의 상징'으로 여겼다. 그래서 항상 단검으로 목숨을 끊으려 하는 모습으로 표현했다.

제 2 장

고대 로마의 주요 인물과 황제 열전

숙적 카르타고를 무찌른 영웅
스키피오

제2차 포에니 전쟁 때 로마군은 각지에서 카르타고의 명장 한니발에게 연패했다(→ 74쪽). 심지어 기원전 216년의 칸나이 전투에서는 병력 규모가 압도적이었는데도 한니발의 기습 작전에 빠져 5만 명이나 목숨을 잃는 역사적 대패를 기록했다.

스키피오는 이 전쟁에서 아버지와 숙부를 잃고 군대에 지원하여 원정 사령관이 되었다. 그리고 신들린 듯한 능력을 드러내며 승리를 거듭한 끝에 카르타고 원정까지 계획했다.

이처럼 능력 있고 인기 많은 스키피오를 질투한 원로원이 원정군 파견을 거부했으나 원정에는 수많은 지원병이 모여들었다. 이에 스키피오는 기습 작전과 한니발의 전술을 철저히 분석, 응용하여 자마 전투를 승리로 이끌었다. 그리고 구국의 영웅이 되어 '아프리카누스'라는 존칭을 받았다. 이후로도 동방 원정 등 적극적인 활동을 이어갔다.

그러나 그의 활약이 확대될수록 국내의 반대 세력이 강해져 결국 공금을 불분명한 용도로 지출했다는 부정 혐의를 뒤집어쓰게 되었다. 다행히 재판에서 유죄 선고는 받지 않았지만 어쩔 수 없이 은퇴한 후 시골에서 실의에 빠져 살다가 52세의 나이로 사망했다. 그리고 기이하게도 붙잡혀 있던 한니발 역시 같은 해에 64세의 나이로 자살했다.

포로로 잡혀 자신에게 바쳐진 적군의 약혼녀를 약혼자에게 돌려보내고 축의금으로 몸값까지 챙겨 줄 만큼 인정 많은 성품이었다.

정보 분석을 중시하는 합리적인 전술가로 활약하는 한편 "신이 꿈에 나타나 우리를 지켜 준다고 약속했다" 고 말해 병사의 사기를 북돋우기도 했다.

DATA

개인명	푸블리우스
씨족명	코르넬리우스
가족명	스키피오
존칭	아프리카누스
출생 시기	기원전 236년
사망 시기	기원전 183년
주요 관직	프로콘술1, 집정관
자녀	코르넬리아(딸)
	그라쿠스 형제(손자)

1. Proconsul, 임기가 연장되어 계속 권력을 행사하던 집정관. 로마 제국 때는 원로원이 관할하는 속주의 총독을 가리켰다.

나라 안팎에서 영웅 스키피오를 위협한 적들

구국의 영웅 스키피오 아프리카누스의 적은 한니발 외에도 많았다. 로마 국내에서는 원로원이 전쟁 전에도 전쟁 후에도 발목을 잡았다. 특히 전쟁 이후 스키피오 탄핵론이 강해진 것은 원로원이 영웅을 숭배하는 사회 분위기를 두려워했기 때문일 것이다.

스키피오와 한니발은 자마 전투 전날 통역만 데리고 대화를 나누었다고 한다. 자신의 패배를 예견한 한니발이 평화 교섭을 시도한 것이다.

코르넬리아는 유능한 아들들인 그라쿠스 형제가 불행해지는 모습을 지켜봐야 했다. 그러나 만년에는 아버지와 아들들의 업적을 친구들과 손님들에게 자주 이야기했다고 한다.

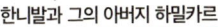
한니발과 그의 아버지 하밀카르
한니발의 아버지 하밀카르 바르카(Hamilcar Barca)도 제1차 포에니 전쟁을 이끈 명장으로 알려져 있다. 희대의 전술가 스키피오 역시 로마의 허를 찌른 '알프스산맥 등반' 등 한니발의 전술을 연구했다.

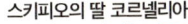
스키피오의 딸 코르넬리아
호민관으로서 거부권을 행사해 위기에 처한 아버지를 구한 은인인 셈프로니우스 그라쿠스(Tiberius Sempronius Gracchus)[2]와 결혼해 그라쿠스 형제(→23쪽)를 낳는다. '로마 여성의 본보기'로 꼽힌다.

포에니 전쟁에 몇 번 참전했고 사령관을 역임했다.

그리스를 동경하는 풍조를 싫어한 국수주의자

대 카토

마르쿠스 포르키우스 카토 켄소리우스
(Marcus Porcius Cato Censorius[3])
기원전 237~기원전 149년

공화정 로마 후기의 정치가이자 변론가. 집정관이자 감찰관으로서 유행에 휩쓸리지 않고 검약에 힘썼으며, 풍기를 어지럽히는 그리스 문화를 반대했다. 이렇게 공명정대한 사람이었지만 동년배의 영웅 스키피오를 심하게 질투하여 규탄하는 데 앞장섰다. 이에 관해서는 그리스에 심취한 스키피오를 싫어했다는 설도 있고 그의 엄청난 인기를 두려워했다는 설도 있다. 이후 카르타고가 배상금을 다 내고 부흥하기 시작하자 '카르타고는 멸망해야 한다'라고 연설하는 등 공존을 거부하기도 했다. 카르타고는 결국 제3차 포에니 전쟁으로 멸망한다.

스토아학파 철학을 신봉했던 증손자 소 카토와 구별하기 위해 '대 카토'로 부른다.

평소에는 자기 소유의 농장에서 땀 흘리며 일했고 공직을 수행할 때는 공금을 낭비하거나 부정한 일에 손을 더럽히지 않았다.

2. 이름이 같은 아들들(그라쿠스 형제)과 구별하기 위해 '대 그라쿠스'로도 부른다.
3. 감찰관을 뜻한다. 영어로는 'Censor'.

로마 제일의 실력자이자 인기인
폼페이우스

부유한 가문 출신의 폼페이우스는 술라파(귀족파)의 일원으로 마리우스파(민중파)와의 싸움(→ 23쪽)에서 공을 세워 약관인 25세에 개선식을 거행했다. 또 술라가 죽은 후에도 탁월한 군사적 능력을 바탕으로 이베리아반도의 지배권을 되찾는 등 활약을 펼쳤으며 제3차 노예 전쟁(→ 24쪽)에도 참전했다. 다만 이때 "노예들을 쳐부순 사람은 크라수스지만 반란을 진압한 사람은 나다"라고 원로원에 보고해서 나중에 함께 집정관이 될 크라수스와의 사이가 벌어졌다. 어쨌든 폼페이우스는 그 후에도 연전연승을 거두어 로마의 영토를 넓히고 국고를 무려 3배로 늘렸으므로 그 실력과 인기가 정점에 달하여 '마그누스(위대한)'로 불리게 되었다.

한편, 원로원은 이런 영향력을 두려워하여 폼페이우스를 냉대했다. 따라서 폼페이우스는 같은 처지인 카이사르, 크라수스와 함께 삼두 정치의 밀약을 맺었다. 그러나 머잖아 삼자의 균형이 깨지고 폼페이우스는 원로원 보수파를 등에 업은 형태로 카이사르와 대립하다가 파르살루스 전투에서 패배했다. 이에 상선을 타고 이집트로 도망치려 하지만 내전에 연루되기를 꺼린 이집트인들에게 살해당했다. 카이사르는 폼페이우스의 죽음을 슬퍼했다고 한다.

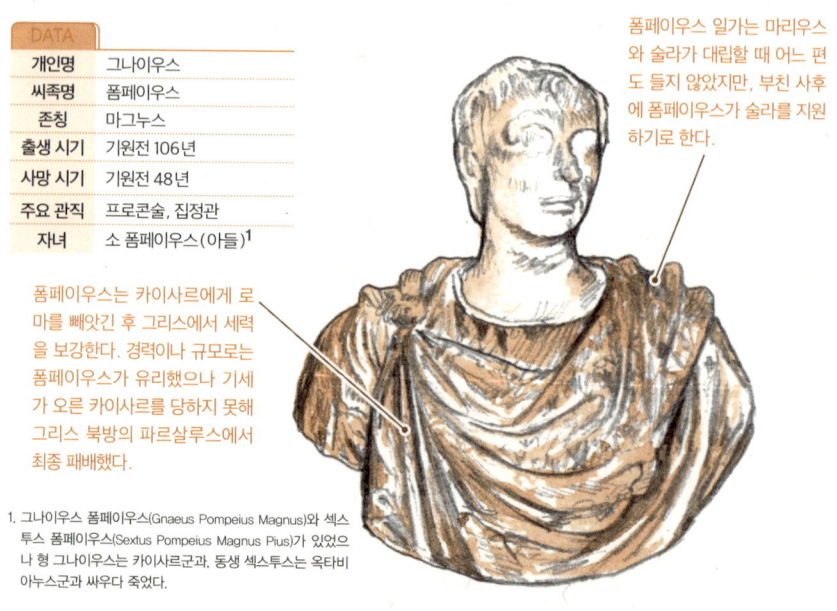

DATA	
개인명	그나이우스
씨족명	폼페이우스
존칭	마그누스
출생 시기	기원전 106년
사망 시기	기원전 48년
주요 관직	프로콘술, 집정관
자녀	소 폼페이우스(아들)[1]

폼페이우스 일가는 마리우스와 술라가 대립할 때 어느 편도 들지 않았지만, 부친 사후에 폼페이우스가 술라를 지원하기로 한다.

폼페이우스는 카이사르에게 로마를 빼앗긴 후 그리스에서 세력을 보강한다. 경력이나 규모로는 폼페이우스가 유리했으나 기세가 오른 카이사르를 당하지 못해 그리스 북방의 파르살루스에서 최종 패배했다.

1. 그나이우스 폼페이우스(Gnaeus Pompeius Magnus)와 섹스투스 폼페이우스(Sextus Pompeius Magnus Pius)가 있었으나 형 그나이우스는 카이사르군과, 동생 섹스투스는 옥타비아누스군과 싸우다 죽었다.

카이사르의 인간관계

카이사르는 견원지간 같던 폼페이우스와 크라수스 사이를 중재하여 삼두 정치를 실현했다. 세 사람의 인간관계를 보면 크라수스는 카이사르에게 돈을 빌려준 채권자였고, 폼페이우스는 카이사르의 딸 율리아(Julia Caesar)를 후처로 맞아 카이사르의 사위가 되었다.

폼페이우스의 후처가 된 율리아
폼페이우스는 전처가 카이사르와 불륜을 저질러 이혼한 과거가 있는데도 카이사르의 딸인 율리아를 매우 아꼈다고 한다. 한편, 율리아의 죽음은 카이사르와 폼페이우스가 결별하는 원인이 되었다.

크라수스
큰 부자였지만 생활은 소박했다. 그래도 돈 때문이라면 공무원 매수, 서류 위조 등 수단과 방법을 가리지 않았다. 보잘것없었던 카이사르에게 큰돈을 빌려준 것도 투자가로서의 승부수였다고 한다.

유창하게 변론하며 많은 권력자를 적으로 돌린

키케로

마르쿠스 툴리우스 키케로(Marcus Tullius Cicero)
기원전 106년~기원전 43년

변론가, 문필가로서 후세의 칸트, 몽테스키외 등에 큰 영향을 끼친 철학자다. 25세에 변호사가 된 후 뛰어난 변론술, 높은 도덕성, 교양 등을 무기 삼아 많은 소송에서 승리했다. 원래 독재자를 싫어했으므로 삼두 정치가 무너진 후 원로원파가 된 폼페이우스를 지지했고 폼페이우스가 패배하자 정계를 은퇴했다.

집정관 선거에서 패한 카틸리나(Lucius Sergius Catilina)가 비밀리에 쿠데타를 계획하지만 원로원이 증거를 확보하여 사전에 진압했다. 그래도 키케로는 카틸리나를 탄핵하고 로마에서 추방했다.

키케로의 탄핵 연설
키케로는 집정관 시절에 국가 전복 미수 사건의 주모자인 카틸리나 일파를 사형에 처해 '조국의 아버지'라는 칭호를 얻었다. 그러나 시민 재판을 거치지 않은 탓에 나중에 위법으로 소추당했다.

제국의 기초를 닦은 위대한 영웅
카이사르

카이사르는 당시 실력자인 마리우스(→23쪽)의 처조카여서 10대에 사제[1]가 되었다. 그러나 술라가 마리우스파를 숙청하자 카이사르에게도 직위를 내놓고 이혼하라는 명령이 떨어진다. 하지만 카이사르는 그 명령을 단호히 거부하여 술라의 심기를 건드린다. 이때 술라는 주위 사람들에게 "저 젊은이 안에 마리우스가 몇 명이나 들어 있는지 안 보이느냐"라는 예언 비슷한 말을 남겼다. 카이사르는 청년 시절에 원정에 참여하며 활약을 펼쳤으나 정계 진출은 비교적 늦은 37세에야 고위직인 대신관에 당선되었다. 그 후 39세 때 이베리아반도에서 무공을 세우자 개선식을 거행하고 집정관이 되려 하지만 원로원이 무장을 문제 삼아 개선식을 막았다.[2] 카이사르는 이에 불만을 품고 삼두 정치의 밀약을 맺는다. 제1차 삼두 정치가 무너진 뒤, 카이사르는 원로원파가 된 폼페이우스와 싸우다 그를 추격하여 이집트에 도착했으나, 폼페이우스는 이미 이집트 왕에 의해 살해된 뒤였다. 카이사르는 이집트 왕위 계승 다툼에 휘말려 클레오파트라를 지원하며 약 반년 동안 머물렀다. 이후 폼페이우스 잔당을 소탕하고 각지의 내전을 종식한 뒤 로마로 돌아와 종신 독재관에 임명됐다.

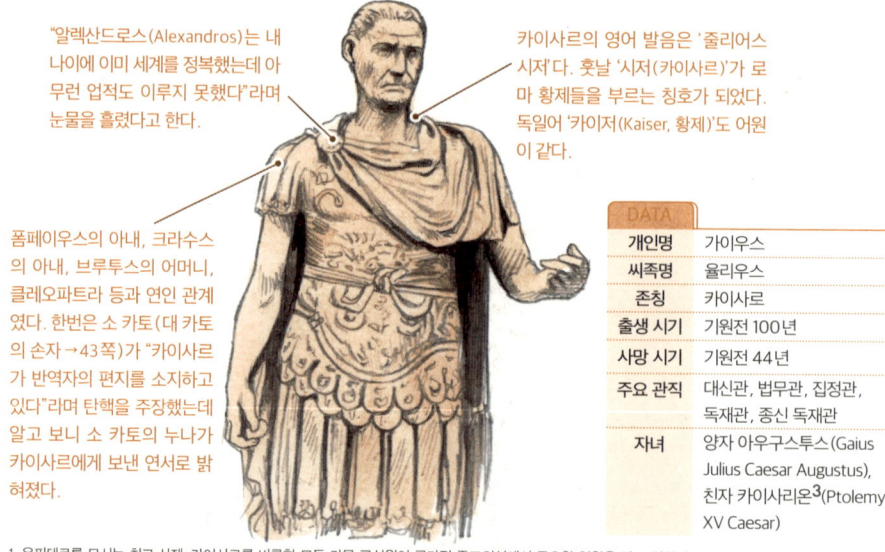

"알렉산드로스(Alexandros)는 내 나이에 이미 세계를 정복했는데 아무런 업적도 이루지 못했다"라며 눈물을 흘렸다고 한다.

카이사르의 영어 발음은 '줄리어스 시저'다. 훗날 '시저(카이사르)'가 로마 황제들을 부르는 칭호가 되었다. 독일어 '카이저(Kaiser, 황제)'도 어원이 같다.

폼페이우스의 아내, 크라수스의 아내, 브루투스의 어머니, 클레오파트라 등과 연인 관계였다. 한번은 소 카토(대 카토의 손자→43쪽)가 "카이사르가 반역자의 편지를 소지하고 있다"라며 탄핵을 주장했는데 알고 보니 소 카토의 누나가 카이사르에게 보낸 연서로 밝혀졌다.

DATA	
개인명	가이우스
씨족명	율리우스
존칭	카이사르
출생 시기	기원전 100년
사망 시기	기원전 44년
주요 관직	대신관, 법무관, 집정관, 독재관, 종신 독재관
자녀	양자 아우구스투스(Gaius Julius Caesar Augustus), 친자 카이사리온[3] (Ptolemy XV Caesar)

1. 유피테르를 모시는 최고 사제. 카이사르를 비롯한 모든 가문 구성원이 국가적 종교의식에서 중요한 역할을 맡고 있었다.
2. 원로원은 카이사르에게 집정관으로 출마하려면 무장을 풀고 개선식 없이 로마에 입성하라고 요구했다. 이에 카이사르는 어쩔 수 없이 개선식을 포기하고 집정관으로 출마했다.
3. 카이사리온(Caesarion)은 '작은 카이사르'라는 뜻의 애칭이다.

카이사르가 남긴 명언들

카이사르는 달변가로도 유명하다. 동시대의 대변론가 키케로마저 카이사르의 연설을 듣고 "평생 수사학을 배워도 흉내 낼 수 없다"고 말할 정도였다. 그중 많은 말이 현대에 명언으로 전해진다.

사람은 기꺼이 자신이 바라는 것을 믿는 법이다
사람이 자기에게 유리한 것만 믿는다는 본질적 지적은 자신을 경계하거나 심리전에 임할 때 도움이 된다.

주사위는 던져졌다
폼페이우스군과의 싸움을 앞두고 로마의 국경선이었던 루비콘강을 무장한 채 건너면서 한 말. 임전무퇴의 결의가 담겨 있다.

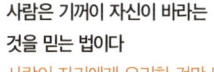

왔노라, 보았노라, 이겼노라
'Veni, vidi, vici'. 폼페이우스를 이기고 소아시아의 반란을 진압한 후 카이사르가 본국에 보낸 보고문. 매우 간결한 라틴어 명문이다.

원래 개선식에서만 월계관을 쓰게 되어 있었지만 머리숱을 늘 신경 썼던 카이사르는 자신에게 평생 월계관을 쓰고 왕의 옷을 걸칠 특권을 부여했다.

아버지 같았던 카이사르를 직접 암살한
브루투스

마르쿠스 유니우스 브루투스
기원전 85~기원전 42년

초대 집정관인 대 브루투스(→ 40쪽)의 후손으로 알려져 있다. 어려서 아버지를 잃었으나 어머니의 애인이었던 카이사르의 지원을 받는다. 원로원이 카이사르를 '공화정의 적'으로 규정했을 때 폼페이우스군에 들어가지만 나중에는 카이사르의 명령에 따른다. 카이사르는 죄를 묻기는커녕 브루투스를 가까이 두고 끝까지 후하게 대한다. 그러나 브루투스는 결국 카이사르 암살에 가담했고, 이때 카이사르는 "브루투스, 너마저"라는 유명한 말을 남긴다. 그 후 제2차 삼두 정치 시기에 안토니우스에게 패하여 자살했다.

기원전 44년 3월 15일, 폼페이우스 극장 근처의 주랑[4]에서 카이사르가 암살당했다. 23개의 자상 중 2개가 치명상이었다고 한다.

4. 줄지은 기둥으로 이루어진 복도.

카이사르의 후계자 경쟁에서 패배한
안토니우스

카이사르가 암살당한 후 그의 충신이자 동료였던 안토니우스는 카이사르의 후계자로 주목받았다. 민중은 '친구여, 로마인이여, 동포여'로 시작되는 안토니우스의 추도 연설을 듣고 가슴을 치며 암살에 가담한 자들을 저주했다.

안토니우스는 평온할 때는 방탕했고 위기일 때는 고결했던 인물로 평가받는다. 실제로 카이사르 암살 주모자들을 쓰러뜨리고 삼두 정치의 일각을 차지하기가 무섭게 자신의 장래를 유망하게 본 이집트 여왕 클레오파트라와의 달콤한 생활에 빠져 버렸다. 또 하나의 유력한 후계자인 옥타비아누스와 전면 대립하게 되자 정략 결혼했던 옥타비아누스의 누나와도 이혼한다. 이에 옥타비아누스가 격노하여 안토니우스와 클레오파트라에게 전쟁을 선포하지만 두 사람은 호화로운 연회와 유희, 사치스러운 생활을 끝낼 줄 몰랐다. 심지어 자웅을 가르기 위한 옥타비아누스와의 싸움도 클레오파트라의 도망으로 허탈하게 끝나 버렸다. 이집트군은 모두 항복했고 안토니우스의 휘하에는 아무도 남지 않았다. 결국 안토니우스는 클레오파트라가 죽었다는 오보를 듣고 자살했다.

DATA	
개인명	마르쿠스
씨족명	안토니우스
출생 시기	기원전 83년
사망 시기	기원전 30년
주요 관직	호민관, 집정관, 국가 재건 3인 위원
자녀	소 안토니우스(Marcus Antonius Antyllus)[1](아들) 클라우디우스 황제(손자)

얼굴은 고귀하고 위엄 있었으며 체구는 검투사처럼 강인했으므로 영웅 헤라클레스의 아들 안톤(Anton)의 자손으로 불렸다.

유흥에 탐닉하는 버릇이 있어서 유산을 순식간에 탕진했다. 방탕하다는 평판이 늘 따라다녔다.

어머니는 카이사르의 먼 친척이었고 아버지는 어릴 때 세상을 떠났다. 키워 준 양아버지마저 카틸리나 사건(→45쪽)에 가담했다가 처형당했으므로 이 재판을 주도한 키케로를 증오했다.

1. 안틸루스(Antyllus)는 궁수라는 뜻으로 아버지 안토니우스가 붙여준 별명이다.

안토니우스의 운명을 바꾼 여자들

안토니우스는 세 번째 아내 풀비아(Fulvia)에게 큰 영향을 받았다고 한다. 풀비아가 죽은 후에는 옥타비아누스의 작은 누나인 소 옥타비아(Octavia)와 결혼하지만 클레오파트라와의 밀월로 옥타비아누스의 분노를 사서 멸망을 자초했다.

풀비아
둘의 결혼은 안토니우스에게뿐만 아니라 풀비아에게도 세 번째였고 풀비아의 친정은 로마에서도 특히 부유한 가문이었다고 한다. 풀비아는 적극적으로 정치 운동을 주도하여 안토니우스의 정치적 행보를 좌지우지했다.

옥타비아
안토니우스의 넷째 아내이자 옥타비아누스의 누나. 삼두 정치 성립 당시 정략적으로 결혼했으나 전처의 아이들을 잘 키웠다고 한다. 현명한 어머니로 존경받는다.

키케로는 저작 《필리피카이(Philippicae)》[2]에서 '돈과 권력을 위해 결혼했다'라며 안토니우스 부부를 규탄했다. 그래서 나중에 안토니우스가 키케로를 죽이자 풀비아는 기뻐하며 키케로의 혀를 잘랐다고 한다. 키케로와 풀비아는 그림의 소재가 되기도 했다.[3]

로마의 권력자를 사로잡은 세기의 미녀

클레오파트라

클레오파트라 7세 필로파토르
기원전 69~기원전 30년

이집트 프톨레마이오스 왕조 말기의 여왕(파라오). 로마는 식량 창고 격이었던 이집트에 혜택을 주는 대신 이집트의 정치에 적극적으로 관여했다. 그래서 카이사르는 폼페이우스를 쫓아 이집트로 갔을 때 왕권 다툼에 패해 추방되었던 클레오파트라를 왕으로 복귀시켰다. 이후 클레오파트라는 카이사르의 아들 카이사리온을 낳는다. 그리고 카이사르가 죽은 후에는 안토니우스의 아들도 낳는다. 클레오파트라는 이런 식으로 로마 권력자와의 관계를 권력 기반으로 삼았다. 다만 안토니우스와의 관계에는 그 이상의 무언가가 있었던 듯하다.

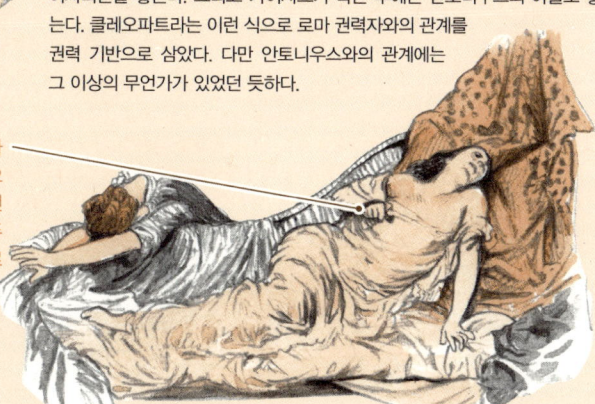

뱀독
옥타비아누스는 클레오파트라를 정중하게 대했으나 클레오파트라는 개선식에서 효수당할 것을 두려워한 나머지 뱀독으로 자살했다.

---

2. 키케로가 안토니우스를 비난하기 위해 작성한 14편의 연설집.
3. 프란시스코 마우라(Francisco Maura)가 그린 '풀비아의 복수'.

자신을 신격화한 초대 황제
아우구스투스

어릴 때부터 용감하고 위엄 있었지만 몸이 약했다. 19세 때 카이사르가 암살되자 유언에 따라 후계자로 지명되었고 20세 때 집정관으로 선출되었으며 이 일을 계기로 삼두 정치(국가 재건 3인 위원회) 체제를 수립하여 안토니우스, 레피두스와 함께 반카이사르파를 소탕했다. 그리고 마지막에 안토니우스를 쓰러뜨리고 단독 지배자가 되었다.

기원전 27년에는 원로원에서 '아우구스투스'라는 존칭을 받고 초대 황제가 되었으며 공화정 체제를 유지하면서도 독재 정권을 실현하는 새로운 시도에 성공했다. 제국 수도 로마를 화재에 강한 곳으로 재정비했고 이집트를 황제 직할령으로 바꾸어 곡물 공급을 안정화하기도 했다. "나는 벽돌 마을이었던 로마를 넘겨받아 대리석 도시로 넘겨주었다"라는 말을 남겼다. 또 신분제를 정리하고 경찰력을 보강했으며 결사를 금지하여 치안을 강화했다. 내전이 끊이지 않던 로마에 평화가 찾아오자 시민들은 황제를 더욱 지지했다. 그러나 자식이 없어 아내 리비아(Livia Drusilla)가 데려온 티베리우스를 후계자로 지명했고 75세에 나폴리 근교의 마을 놀라에서 병으로 사망했다.

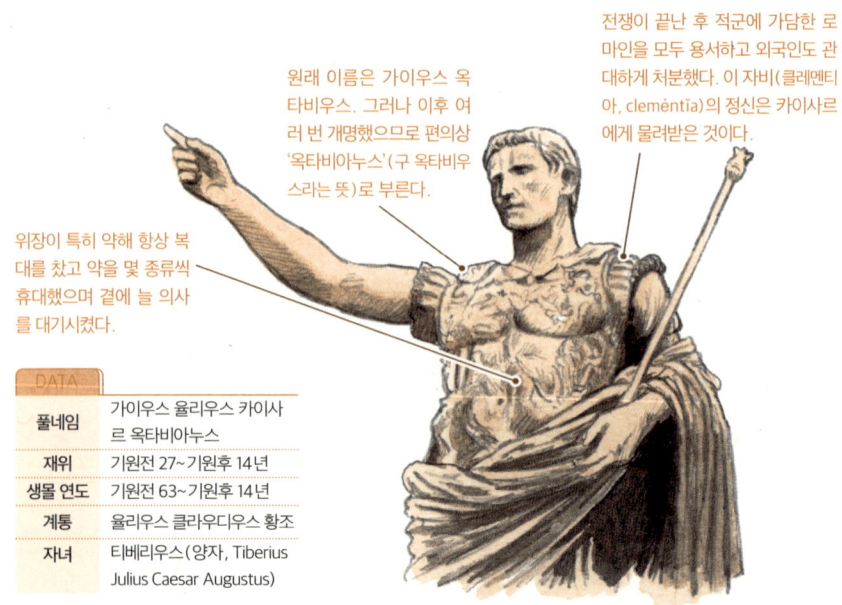

전쟁이 끝난 후 적군에 가담한 로마인을 모두 용서하고 외국인도 관대하게 처분했다. 이 자비(클레멘티아, cleméntia)의 정신은 카이사르에게 물려받은 것이다.

원래 이름은 가이우스 옥타비우스. 그러나 이후 여러 번 개명했으므로 편의상 '옥타비아누스'(구 옥타비우스라는 뜻)로 부른다.

위장이 특히 약해 항상 복대를 찼고 약을 몇 종류씩 휴대했으며 곁에 늘 의사를 대기시켰다.

DATA	
풀네임	가이우스 율리우스 카이사르 옥타비아누스
재위	기원전 27~기원후 14년
생몰 연도	기원전 63~기원후 14년
계통	율리우스 클라우디우스 황조
자녀	티베리우스(양자, Tiberius Julius Caesar Augustus)

아우구스투스의 예술 진흥

평화를 실현한 아우구스투스 황제는 예술 진흥에도 주력하여 《시학(Ars Poetica)》을 쓴 호라티우스(Quintus Horatius Flaccus), 《아이네이스(Aeneis)[1]》를 쓴 베르길리우스(Publius Vergilius Maro) 등 로마의 위대한 시인들과 예술가들을 가까이하며 지원했다. 그 오른팔로 활약한 사람이 '메세나(Mecenat)'의 어원이 된 마이케나스(Gaius Clinius Maecenas)다.

마이케나스의 예술 공연을 감상하는 아우구스투스.

마이케나스
내전에서 활약하여 아우구스투스에게 막대한 보수를 받았지만 권력을 탐하지 않았다. 예술·문화를 후원하는 사람을 일컫는 '메세나'라는 단어가 '마이케나스'의 프랑스어 발음에서 유래했다.

베르길리우스
로마의 3대 시인. 사후에 아우구스투스가 대표작인 《아이네이스》를 간행했다.

아라 파키스 아우구스타이(Ara Pacis Augustae)
'아우구스투스가 실현한 평화의 제단'이라는 뜻. 아우구스투스 사후에 원로원이 봉헌했다. 대사제인 황제, 대지의 여신, 원로원, 검투사 등이 새겨져 있다. 발견된 조각들을 모아 복원된 제단이 아라 파키스 미술관에 전시되어 있다.

모든 승리를 친구에게 바친 사령관

아그리파

마르쿠스 비프사니우스 아그리파
기원전 63년~기원전 12년

아우구스투스가 어려서부터 만나 죽을 때까지 동고동락한 평생 친구. 병약한 아우구스투스 대신 실질적인 군사령관으로 활약했다. 초대 황제 아우구스투스의 전승은 모두 아그리파의 업적이다. 친아들이 없었던 아우구스투스는 아그리파의 아들을 차기 황제로 삼으려고 딸 율리아를 시집 보내 가이우스(Gaius Iulius Caesar)와 루키우스(Lucius Julius Caesar)라는 손자를 얻었다. 그러나 아이러니하게도 병약한 아우구스투스보다 손자들이 먼저 죽고 만다.

자신의 개선식은 사양했다고 한다.

---

1. '아이네이스의 노래'라는 뜻. 그리스군에 패해 멸망한 트로이의 영웅 아이네이아스가 부하들과 함께 신의 뜻을 받고 각지를 방랑하면서 라티움 땅에 정착하는 과정을 다룬 로마의 건국 서사시.

로마 사상 가장 유명한 폭군
네로

네로의 어머니 아그리피나(Julia Agrippina)[1]는 궁정의 권력 투쟁에서 수완을 발휘한 인물이었다. 먼저 친오빠인 광기의 황제 칼리굴라를 제거하려다 계획이 탄로 나자 유배당했다. 이어 칼리굴라가 죽어 유배에서 풀려나자 숙부이자 새 황제인 클라우디우스를 회유, 법까지 개정해 가며 재혼했고 아들 네로를 클라우디우스의 딸과 결혼시켰다. 아들을 황제로 만들어 '황제의 어머니'가 되려 했지만, 결국 그때까지 기다리지 못하고 황제인 남편을 독살했다고 한다. 이에 네로는 16세에 최고 권력자가 되었다. 처음에는 측근의 조언도 받아들여 선정을 펼쳤지만 얼마 못 가 눈엣가시였던 클라우디우스의 친아들을 독살했다. 그리고 5년 후에는 일일이 간섭하는 어머니까지 죽였다. 그 후에도 아내, 재혼한 둘째 아내, 측근인 부루스(Sextus Afranius Burrus), 교육 담당인 철학자 세네카 등을 처형했고 64년에는 그리스도교도를 로마 대화재의 범인으로 몰아 박해했다. 네로는 운동선수, 예술가 흉내를 내며 올림피아(Olympia)에 선수로 출전하는 등 민중의 갈채를 늘 갈망했으나 수많은 악행과 어리석은 행동으로 나중에는 곁에 아무도 남지 않자 칼로 자기 목을 찔러 자살했다.

DATA	
풀네임	네로 클라우디우스 카이사르 아우구스투스 게르마니쿠스
재위	54~68년
생몰 연도	37~68년
계통	율리우스 클라우디우스 황조

궁정에서는 증오의 대상이었지만 민중에게는 인기가 좋았다고 한다. 진수성찬을 베풀고 화려하게 차려입고 등장하는 등 나 기원후를 좋아했기 때문이다.

당시 올림피아는 네로의, 네로에 의한, 네로를 위한 행사였다. 모든 경기의 승부가 조작되었을 정도다. 그래도 민중은 갈채를 보냈다고 한다.

죽기 직전에 "엄청나게 위대한 예술가가 이 세상에서 사라지는가"라고 말했다고 한다. 사후에도 민중에게 사랑받았으므로 신격화하려는 사람들도 있었다.

1. 어머니인 '대 아그리피나'와 구별하기 위해 '소 아그리피나'로 부른다.

배반, 음모, 박해, 암살

아우구스투스가 평화를 실현했지만 3대째인 칼리굴라 이후에는 황권을 둘러싼 피비린내 나는 쟁탈전이 계속 이어졌다. 심지어 네로는 그리스도교도를 심하게 박해했다. 로마에서 일어난 대화재를 그리스도교도에게 뒤집어씌워 모조리 처형할 정도였다.

아그리피나
네로의 어머니 아그리피나는 칼리굴라를 암살하려다 계획을 들켜 유배당한다. 칼리굴라가 원로원 등과 대립하다 결국 암살당한 후에는 차기 황제인 클라우디우스와 결혼하여 네로를 황제로 만들고 정치적 영향력을 행사하려 한다. 그러나 오히려 황제가 된 자식에게 죽고 만다.

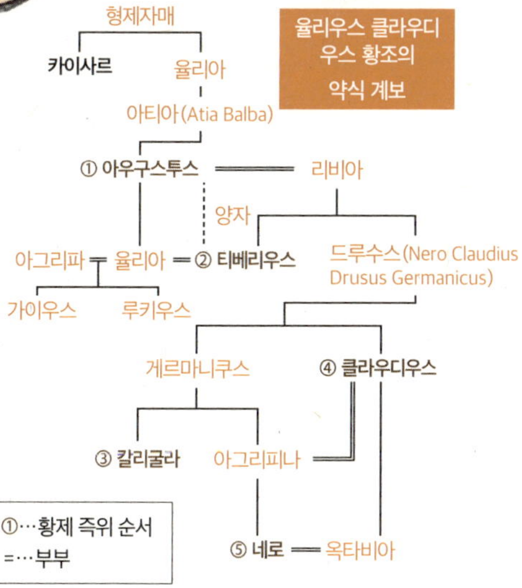

칼리굴라
네로의 어머니 아그리피나의 오빠이자 3대 황제. 처음에는 민중에게 인기가 있었지만 큰 병을 앓고 난 후 폭군이 된다. 성급한 영토 획대, 대규모 건설 사업으로 국가 재정을 파탄 내어 결국 암살당했다.

그리스도교 박해
붙잡힌 그리스도교도는 '인간 횃불'이 되어 처형당했다. 네로는 그 모습을 구경거리처럼 즐겼다고 한다.

율리우스 클라우디우스 황조의 약식 계보

```
형제자매
카이사르 ─── 율리아
              │
           아티아(Atia Balba)
              │
      ① 아우구스투스 ═══ 리비아
              │  양자
아그리파─율리아═② 티베리우스    드루수스(Nero Claudius
        │                      Drusus Germanicus)
   가이우스 루키우스
              │
         게르마니쿠스      ④ 클라우디우스
              │                │
         ③ 칼리굴라  아그리피나
                       │
                    ⑤ 네로 ─── 옥타비아
```

①…황제 즉위 순서
═…부부

네로의 악행을 견디지 못한 스승

세네카

루키우스 안나이우스 세네카
(Lucius Annaeus Seneca)
기원전 1~65년

아그리피나가 죽은 후 살해를 정당화하는 문서를 작성했다.

스토아학파 철학자. 네로의 교육을 담당했다. 자신과 대립하는 어머니 아그리피나를 제거하겠다는 네로의 계획을 허용한다. 그 후 네로의 애인 포파이아(Poppaea Sabina)가 권력을 장악하고 자신과 함께 네로와 포파이아의 결혼을 반대했던 부루스가 급사하자 재산을 반납하고 연구에 전념하겠다며 사실상 은퇴를 신청한다. 그러나 나중에 결국 황제 폐위 음모에 가담한 혐의로 자살을 명령받는다. 비극 작가로 유명하다.

053

행복한 시대를 실현한 다섯 황제
오현제

오현제란 로마의 전성기를 이끈 다섯 황제를 가리키는 말이다(→ 28쪽).
그 첫 번째인 네르바는 즉위했을 때 이미 60세를 넘은 데다 병약하고 친아들이 없었다. 그래서 권력자로서 신뢰할 수 있는 후계자를 선정하는 일에 몰두했고 트라야누스를 양자로 들여 후계자로 삼았다. 트라야누스는 약 20년간 재위하며 로마의 영토를 최대로 확대했다. 그리고 죽을 때는 전례에 따라 사촌 형제인 하드리아누스를 후계자로 지명했는데, 아내 플로티나(Pompeia Plotina)가 지명 문서를 꾸며낸 것이라는 의혹이 제기되기도 했다.
하드리아누스는 예술과 수렵을 사랑했으며 그리스 문화에 푹 빠져 있었다. 후계자로 삼으려던 첫 번째 양자가 일찍 죽었으므로 원로원의 의도를 이해하는 안토니누스를 새로운 양자로 들여 후계자로 삼았다.
안토니누스는 양부의 기대에 부응해 성인과 같은 선정을 펼쳐 '피우스(효자)'로 불렸다. 마지막인 마르쿠스 황제는 의붓동생 베루스(Lucius Aurelius Verus)와 함께 사상 최초로 로마를 공동 통치했다. 황제의 책임, 신들과의 관계, 우주의 이치, 삶의 지침 등에 관해 자신과 나눈 대화를 현대까지 널리 읽히는 명저 《명상록(Meditations)[1]》으로 엮어내기도 했다.

1. 네르바

DATA	
풀네임	마르쿠스 코케이우스 네르바
재위	96~98년
생몰 연도	35~98년

재위는 불과 16개월이었다.

2. 트라야누스

'최선의 지도자'로 불리는 한편 술과 남색을 좋아했다.

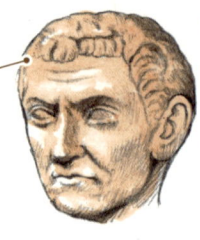

DATA	
풀네임	마르쿠스 울피우스 네르바 트라야누스 아우구스투스
재위	98~117년
생몰 연도	53~117년

3. 하드리아누스

이 멋진 수염을 후대 황제가 모두 흉내 냈다.

DATA	
풀네임	푸블리우스 아일리우스 트라야누스 하드리아누스
재위	117~138년
생몰 연도	76~138년

4. 안토니누스 피우스

DATA	
풀네임	티투스 푸블리우스 아일리우스 하드리아누스 안토니누스 아우구스투스 피우스
재위	138~161년
생몰 연도	86~161년

대외 전쟁과 반란이 없는 가장 평화로운 시대였다.

철학자로도 유명하여 '철학자 황제'로 불린다.

DATA	
풀네임	마르쿠스 아우렐리우스 안토니누스
재위	161~180년
생몰 연도	121~180년

5. 마르쿠스 아우렐리우스 안토니누스

오현제 시대의 유물

로마 제국은 이 시기에 최대 영토를 확보한 데다 내전도 없고 국고도 윤택했으므로 각지에 많은 건물을 지었다. 다키아 전쟁에 승리한 기념으로 건설한 트라야누스 포룸(Forum), 트라야누스 다리 등 트라야누스 황제 시대의 건축물은 거의 시리아 출신 황실 건축가인 아폴로도로스(Apollodoros)[2]가 담당했다. 황제의 위업을 칭송하는 기념물인 '기념 기둥'들도 지어졌다. 그중 트라야누스 기념 기둥(→ 117쪽), 마르쿠스 아우렐리우스 안토니누스 기념 기둥 등이 로마 시내에 남아 있다.

트라야누스 시장
세계 최초의 쇼핑센터로 불린다. 트라야누스 황제는 밤낮 전쟁만 했다는 인상이 강하지만 당대 최대의 공중목욕장을 건설한 것으로도 유명하다.

안토니누스 피우스 기념 기둥
안토니누스 피우스가 재위한 20년간 전쟁이 없었고 재정적으로도 제국 사상 최대의 부를 쌓았으므로 사랑하는 아내 대 파우스티나(Annia Galeria Faustina)와 함께 신격화되었다. 사후에 업적을 칭송하는 기념 기둥이 만들어졌지만 지금은 받침만 남아 있다.

---

1. 그리스어 원제('타 에이스 헤아우톤')의 뜻은 '자기 자신에게 이르는 것들'이다.
2. 출신지와 함께 '다마스쿠스의 아폴로도로스'로 불린다. 트라야누스의 총애를 받으며 트라야누스 포룸, 시장, 신전, 원기둥, 도미티아누스 경기장, 트라야누스 개선문 등의 건축 작업을 설계하고 감독했다.

일개 병사에서 천하를 통일한 개혁자로

디오클레티아누스

디오클레티아누스는 아드리아해 연안의 살로나(Salona, 현 크로아티아 스플리트) 근교에서 태어났다. 일설에 따르면 부친은 해방 노예였다고 한다. 그래서 신분은 낮았지만 군인으로 두각을 드러내 고위직 비서, 부대 지휘관을 거쳐 39세에 친위대 기병대장이 되었다. 원래 야망이 있었다고 여겨지므로 전 황제 누메리아누스(Marcus Aurelius Numerius Numerianus Augustus)가 암살당하고 그가 즉위한 것도 계략의 결과일 수 있다.

디오클레티아누스는 황제가 되자 대개혁을 단행했다. 제국을 동서로 나눠 정제와 부제를 두는 사두 정치를 도입한 것이다. 이것은 광대한 영토를 합리적으로 지배할 뿐만 아니라 제위 찬탈을 어렵게 만들기 위한 제도였다. 디오클레티아누스는 그 외에도 문관, 무관을 분리하고 관료 제도와 세제를 개편하는 등 다방면의 개혁을 추진했다. 그러나 사상 최대이자 최후로 그리스도교를 탄압하여 후세에는 잔인한 악인으로 기록되었다. 하지만 그의 말년은 평온했다. 건강상 이유로 스스로 은퇴한 후 고향에 은거했다. 최고 정점에서 권력을 집착 없이 내려놓은 사람은 로마 역사상 디오클레티아누스와 술라 두 사람뿐이다.

DATA	
풀네임	가이우스 아우렐리우스 발레리우스 디오클레티아누스
재위	284~305년
생몰 연도	244~311년
계통	사두 정치

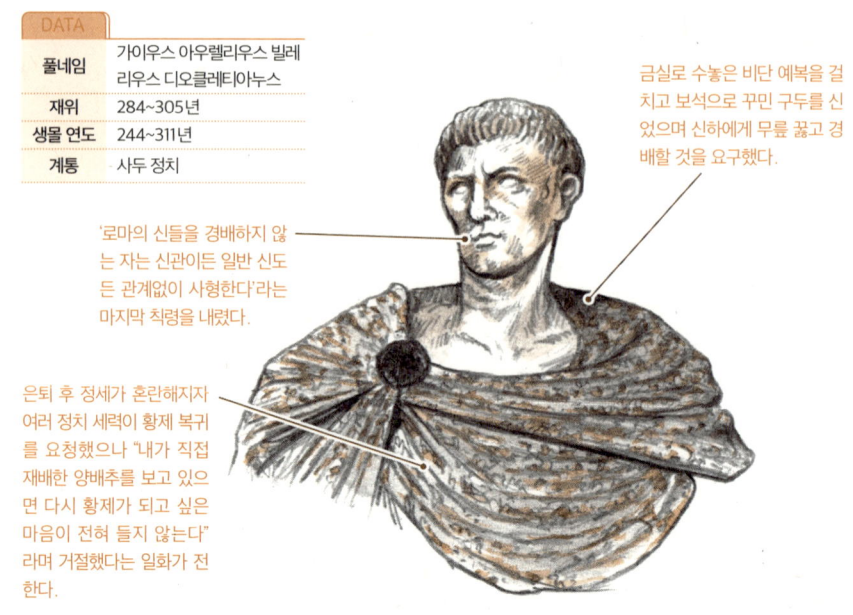

'로마의 신들을 경배하지 않는 자는 신관이든 일반 신도든 관계없이 사형한다'라는 마지막 칙령을 내렸다.

금실로 수놓은 비단 예복을 걸치고 보석으로 꾸민 구두를 신었으며 신하에게 무릎 꿇고 경배할 것을 요구했다.

은퇴 후 정세가 혼란해지자 여러 정치 세력이 황제 복귀를 요청했으나 "내가 직접 재배한 양배추를 보고 있으면 다시 황제가 되고 싶은 마음이 전혀 들지 않는다"라며 거절했다는 일화가 전한다.

강력한 리더십으로 추진한 개혁

사두 정치라고 말하지만 실제로는 디오클레티아누스가 주도하는 정권이었다. 이 시대에 군사 개혁이 먼저 이루어져 병력이 2배로 늘어났고 속주가 재편되었다. 그리고 이 체제를 유지하기 위한 경제 안정화 정책이 차례차례 실행되었다. 전부 강력한 리더십 없이는 불가능한 일이다.

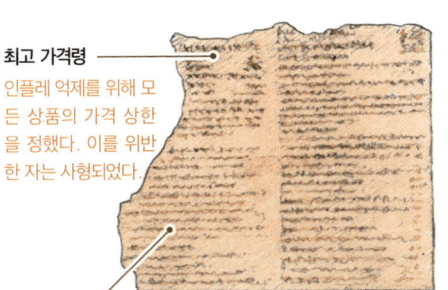

최고 가격령
인플레 억제를 위해 모든 상품의 가격 상한을 정했다. 이를 위반한 자는 사형되었다.

페르가몬 박물관에 소장된 최고 가격령 문서의 단편.

그리스도교 대박해
제국 내 그리스도교도에게 개종을 강요하고 거부하는 자를 처형했다. 이때 수천 명이 처형되었는데 이것이 로마 제국 내 그리스도교도에 대한 최후이자 최대의 박해였다.

살로나의 궁전(→112쪽)
디오클레티아누스가 여생을 보내기 위해 살로나에 지은 궁전. 높이 20m 이상의 성벽으로 둘러싸여 있고 성벽에는 거대한 문과 파수용 탑이 갖춰져 있어서 군사 시설로도 쓸 수 있었으며 지금은 세계 문화유산으로 지정되어 있다. 디오클레티아누스는 여기서 양배추를 키웠다고 한다.

디오클레티아누스의 오른팔

막시미아누스

마르쿠스 아우렐리우스 발레리우스 막시미아누스
(Marcus Aurelius Valerius Maximianus)
250~310년

군인 황제 시대(→30쪽)에 경력을 쌓은 막시미아누스는 디오클레티아누스가 황제로 즉위하자 부제로, 사두 정치가 시작되자 서방 정제로 임명되었다. 군사에 능하여 이민족과의 전투에서 디오클레티아누스를 대신해 활약했지만 디오클레티아누스가 퇴위할 때 함께 퇴위당했다. 이후에 황제로 두 번 복귀했으나 첫 번째에는 디오클레티아누스에게 제지당해 퇴위했고 두 번째에는 콘스탄티누스(→58쪽)와 제위를 둘러싼 다툼에서 패해 체포되었다.

세례받은 그리스도교 수호자
콘스탄티누스

아버지 콘스탄티우스 1세가 죽은 후 그 자리를 이어받아 306년에 서로마 부제로 즉위했다. 정권 초기에 여러 황제가 난립하는 내전이 일어났지만 콘스탄티누스가 승리하여 매부 리키니우스(Gaius Valerius Licinianus Licinius)*와 함께 동서의 정제로 로마를 통치하기 시작했다.

업적으로는 솔리두스(Solidus) 금화 도입을 포함한 통화 개혁을 꼽을 수 있다. 고순도로 주조된 이 금화는 동로마 제국이 붕괴할 때까지 국제 통화로 쓰였으며 현재 달러 기호의 기원이 되었다. 그리고 역사상 가장 눈에 띄는 특징은 그리스도교를 옹호했다는 것이다. 콘스탄티누스는 디오클레티아누스의 대박해로부터 불과 10년 후에 밀라노 칙령(→ 32쪽)으로 그리스도교를 공인하고 자신도 그리스도교로 개종했다. 그 후 그리스도교는 유럽 전역을 압도하는 종교가 되었다. 그러나 종교관의 차이로 서로마의 정제 리키니우스와 사이가 벌어져 대립하게 되었다. 그 결과 콘스탄티누스가 로마를 단독으로 지배하게 되었고 리키니우스는 처형당했다. 이후 부정하게 간통한 죄로 아들 크리스푸스가 처형되고 아내가 음모 혐의를 받아 자살하는 등 불행한 사건이 이어졌으므로 이 무렵부터 죄의식에 사로잡혀 그리스도교에 더 심취했다고 한다.

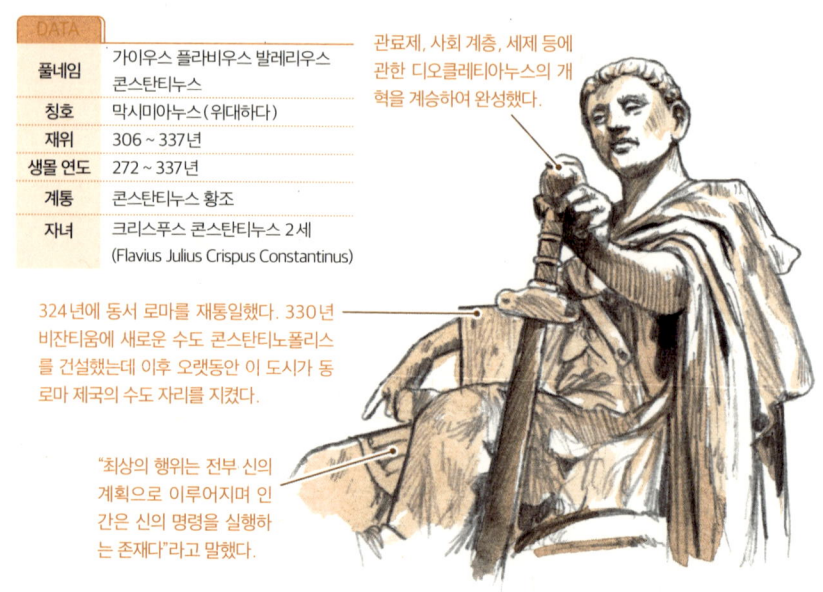

DATA	
풀네임	가이우스 플라비우스 발레리우스 콘스탄티누스
칭호	막시미아누스(위대하다)
재위	306 ~ 337년
생몰 연도	272 ~ 337년
계통	콘스탄티누스 황조
자녀	크리스푸스 콘스탄티누스 2세 (Flavius Julius Crispus Constantinus)

관료제, 사회 계층, 세제 등에 관한 디오클레티아누스의 개혁을 계승하여 완성했다.

324년에 동서 로마를 재통일했다. 330년 비잔티움에 새로운 수도 콘스탄티노폴리스를 건설했는데 이후 오랫동안 이 도시가 동로마 제국의 수도 자리를 지켰다.

"최상의 행위는 전부 신의 계획으로 이루어지며 인간은 신의 명령을 실행하는 존재다"라고 말했다.

그리스도교도 황제의 치세

콘스탄티누스의 밀라노 칙령 및 니케아 공의회 이후 로마는 순조롭게 그리스도교화되었고 그리스도교가 국교가 된다. 후세에는 유럽 전역이 그리스도교권이 되었고, 교황이 로마 황제에게 '대관'을 집전하게 되는데, 바로 이 시기가 그러한 관습을 가능하게 한 역사적 전환점이었다.

세례
콘스탄티누스 황제가 언제 세례를 받았는지는 알려지지 않았다. 죽기 직전에 받았다는 설도 있다.

신의 계시
밀비우스 다리 전투(Battle of the Milvian Bridge)에서 '너는 이 십자가로 이긴다'라는 계시를 받고 승리한 후 개종했다는 설이 있다.

아울라 팔라티나(Aula Palatina)
독일 트리어(Trier)에 있는 바실리카[1]. 세계 유산으로 지정된 로마 유적군의 일부다.

콘스탄티누스는 즉위 후 트리어를 주요 거점으로 삼고 공중목욕장이나 원형 경기장을 정비했다.

그리스도교도들에게 배교자로 낙인 찍힌

율리아누스

플라비우스 클라우디우스 율리아누스
(Flavius Claudius Iulianus)
331(?)~363년

율리아누스 황제의 얼굴이 새겨진 솔리두스 금화

콘스탄티누스 황제의 조카. 어릴 때 음모에 빠져 가족이 암살당하고 형과 함께 6년간 유폐되었다가 풀려난 뒤에 군사 및 행정 분야에서 공적을 쌓는다. 어릴 때부터 그리스도교 서적과 함께 그리스도교 이단, 미트라스(Mithras) 신앙 등을 접했으며 철학에도 심취했다. 그런 지식과 경험을 바탕으로 그리스도교에 의문을 품었고 황제가 된 후에는 그리스도교 우대 정책을 폐지하기도 했다. 그러나 아이러니하게도 그리스도교 홀대보다 금욕주의 탓에 민중의 지지를 얻지 못한 채 단명했다.

1. Basilica. 고대 로마의 공공 건물. 포룸에 있었으며 주로 법정으로 쓰였으나 종교적 목적으로도 사용되었다.
* 리키니우스는 콘스탄티누스의 이복누이 콘스탄티아와 혼인했다.

한걸음 더 2

로마에 반기를 든 여자들
부디카와 제노비아

로마 제국은 각지를 침략하여 많은 나라를 속주로 만들었다. 그런 로마에 반기를 들고 일어나 용맹하게 도전한 두 여성의 이름이 역사에 남아 있다. 첫 번째는 켈트족 중 이케니족의 왕비인 부디카(Boudica)다. 당시 그레이트브리튼섬 남부는 속주 '브리타니아'로서 로마 제국의 지배를 받았지만 이케니족은 브리타니아 동부에 거주했으므로 로마의 속주가 아니었다. 그러나 네로 황제 시대에 부디카의 남편 프라수타구스(Prasutagus)왕이 죽자 로마 제국이 이케니족의 영토를 사실상 편입시켰고 이 일을 계기로 부디카가 60~61년경에 부족을 이끌고 봉기했다. 비록 격투 끝에 패배했으나 부디카는 영국 역사상 최초의 영웅으로 불린다. 두 번째는 혼란했던 군인 황제 시대에 속주 팔미라(현 시리아)의 여왕이었던 제노비아(Zenobia)다. 남편 오다이나투스(Odaenathus)는 로마 제국에 봉사한 대가로 팔미라의 통치를 위임받아 사실상 '팔미라 제국'을 구축했다. 그 과정에서 제노비아가 군장을 두르고 전쟁터에 따라나와 남편에게 지략을 알려주었다고 한다. 남편이 죽은 후에는 아들과 팔미라를 공동으로 통치하며 로마의 혼란을 틈타 영토를 확대했고 자신을 '이집트 여왕', '카르타고 여왕'으로 칭하기도 했다. 그러나 로마와의 대결에서는 두 번의 대패 끝에 체포되었고 마지막에는 황금 사슬에 묶여 로마 시내를 끌려다녔다고 한다.

부디카
이케니족의 왕비로 로마가 영토를 빼앗으려 하자 봉기했다. 당시 역사가는 부디카를 '지성 넘치는 여성'이라고 평가했다.

부디카는 17세기 빅토리아 여왕 시대에 유명해져서 큰 이름이 함대 이름으로 쓰였다. 웨스트민스터 궁전에 동상도 세워졌다.

제노비아
팔미라의 왕비. 팔미라의 독립을 위해 로마 제국에 도전했다. 나중에 '클레오파트라의 후계자'를 자칭했다고 한다.

제노비아와 대치한 로마 황제의 서간에는 "로마 시민이 제노비아를 그저 '여자'로 부르는 것은 그 성격과 실력을 모르기 때문이다"라고 쓰여 있다.

제 3 장

최강 로마 군단과 전쟁

세 진형으로 나뉘어 적에 맞선
고대 로마군의 전투 방식

로마는 하나의 도시에서 대제국으로 발전하기까지 다양한 군대와 셀 수 없이 많은 전투에 승리했다. 그 승리의 비결 중 특히 주목할 것이 엄격한 '규율'이다. '레기오(Legio)'로 불리는 로마의 군단은 '켄투리아(Centúria, 백인대)'를 기본 단위로 삼고 팔랑크스(밀집 진형, Phalanx)를 3중 전열로 편성하는 것이 특징이다. 흐트러지지 않는 대열, 전군의 연동, 어떤 형국이든 자유자재로 대응하는 용병술은 전부 엄격한 군대의 규율(군율)에 기반한다. 실제로 진형을 어지럽히거나 공을 세우려고 혼자 앞서나가는 등 군율을 위반하면 집정관의 아들이나 큰 공을 세운 사람이라 해도 똑같이 처형당했다는 일화가 남아 있다.

원래 밀집 진형을 활용한 전투는 마케도니아의 장창 보병의 특기였으나 나중에는 기동성이 더 높은 로마군을 당하지 못했다.

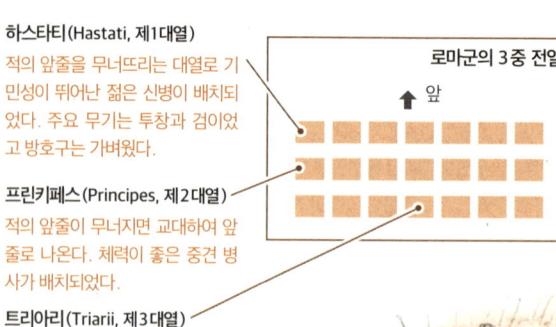

하스타티(Hastati, 제1대열)
적의 앞줄을 무너뜨리는 대열로 기민성이 뛰어난 젊은 신병이 배치되었다. 주요 무기는 투창과 검이었고 방호구는 가벼웠다.

프린키페스(Principes, 제2대열)
적의 앞줄이 무너지면 교대하여 앞줄로 나온다. 체력이 좋은 중견 병사가 배치되었다.

트리아리(Triarii, 제3대열)
주로 장창을 쓰는 고참 병사로 편성된다. 방호구는 최상급이다.

켄투리오(Centurio, 백인대장)
켄투리아의 지휘관. 훈련 진행 및 부대원의 상벌 권한이 있는 중요 직위. 등급이 있었는데 그중 제1백인대장(프리무스 필루스, Primus pilus)이 되면 코호르스(Cŏhors, 대대)를 지휘했다.

기병
경계하고 방어하여 아군이 적에게 포위되는 사태를 방지하기 위해 대열의 양 날개에 배치되었다.

훈련된 보병

평소보다 더 밀집하여 빈틈없이 방패를 맞대는 방어 진형 '테스투도'(Testudo, 거북)는 화살을 주로 쓰는 적에게 무적이었으므로 주로 공성전에서 쓰였다. 현대의 스포츠팀 같은 집단 협력을 실현하려면 상당한 훈련이 필요했을 것이다.

장비는 자비로 마련했다

공화정 로마의 병사들은 무기를 자비로 마련했으므로 형편이 어려운 사람은 경장 보병밖에 될 수 없었다고 한다.

전열 교대가 특징

로마군의 최대 특징은 3중 전열이다. 맨 앞줄이 뒤로 가고 두 번째 줄이 앞으로 나오기를 반복하면서 병사를 쉬게 할 수 있는 전열이라 지구전에 매우 유리했다. 마케도니아군은 적의 접근을 막는 5m짜리 장창(사리사, Sarissa)이 강력한 무기였지만 로마군의 이런 전술은 흉내 낼 수 없었다(→ 79쪽).

천인대장
군단장을 보좌하는 사람으로 한 군단에 6명씩 있었으며 지휘권이 주어졌다.

레가투스 레기오니스(Legatus Legionis, 군단장)
군단 사령관. 마리우스(Gaius Marius→23쪽)의 군제 개혁으로 창설되었으며 원로원 의원 중에서 선발되었다.

벨리테스(Velites, 보병)
밀집 진형과 별도로 맨 앞줄에 배치되어 창을 던지며 돌진한다. 식별하기 쉽도록 모피를 둘렀다.

3 최강 로마 군단과 전쟁

전통적이지만 강력했던
무기와 방호구

로마군의 병사는 원래 장비를 자비로 조달하는 것이 당연했고 중장 보병이 일반적이었으므로 기본 장비만 마련하려 해도 상당한 비용이 들었다고 한다. 신병보다 고참 병사의 장비가 더 비쌌으며 지휘관인 켄투리오 정도가 되면 화려한 장식도 추가해야 했다.

그래서 장비를 마련할 수 없다는 이유로 전쟁에 불참하는 시민들도 있었다. 즉 전쟁이란 귀족과 부유층의 '특권'이었던 셈이다.

공화정 후기가 되자 로마의 영토는 확대되었지만, 병사 수는 감소했다. 그래서 장군 마리우스는 병사 부족을 해소하기 위해 신분을 묻지 않고 지원병을 받아들이고 모든 병사에게 장비와 급여를 지급하기로 했다. 이 군제 개혁은 군사력 확보에 도움이 되었으나 개인의 무력을 강화하는 효과를 낳아 공화정 붕괴를 초래하기도 했다.

지휘관 켄투리오의 장비

지휘관은 장비에 특별한 의장을 달고 투구에도 눈에 띄는 장식을 달았으므로 일반 병사와 한눈에 구별됐다.

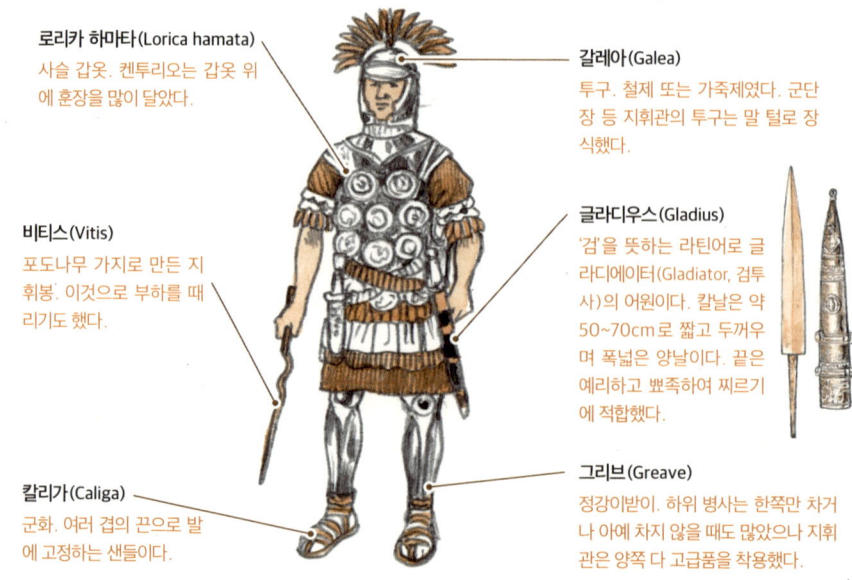

로리카 하마타(Lorica hamata)
사슬 갑옷. 켄투리오는 갑옷 위에 훈장을 많이 달았다.

비티스(Vitis)
포도나무 가지로 만든 지휘봉. 이것으로 부하를 때리기도 했다.

칼리가(Caliga)
군화. 여러 겹의 끈으로 발에 고정하는 샌들이다.

갈레아(Galea)
투구. 철제 또는 가죽제였다. 군단장 등 지휘관의 투구는 말 털로 장식했다.

글라디우스(Gladius)
'검'을 뜻하는 라틴어로 글라디에이터(Gladiator, 검투사)의 어원이다. 칼날은 약 50~70cm로 짧고 두꺼우며 폭넓은 양날이다. 끝은 예리하고 뾰족하여 찌르기에 적합했다.

그리브(Greave)
정강이받이. 하위 병사는 한쪽만 차거나 아예 차지 않을 때도 많았으나 지휘관은 양쪽 다 고급품을 착용했다.

카르타고를 이긴 로마 해군의
해양 기술

로마군의 주력은 육군이었고 해군은 그보다 못한 평가를 받았다. 지중해 세계를 제패한 로마인이지만 의외로 뱃사람으로는 뛰어나지 못했다. 심지어 카르타고와 대치하기 전에는 정식 해군이 존재하지도 않았다(→72쪽).

그래서 로마는 카르타고에 대항할 때가 되어서야 100척의 갤리선[1]을 급조했다. 처음에는 노잡이의 경험 부족으로 패전했지만 나중에는 승리하게 되었다. 황제의 통치가 시작된 후에는 광대한 영토를 통치하기 위해 각 해역에 함대를 배치하고 옛날부터 해양 기술이 뛰어났던 그리스의 선박과 승조원을 활용했다. 그리고 제정기의 수도 로마는 인구가 100만 명인 대도시였음에도 식량 생산을 다른 지역에 의존했고 물자 수급도 거의 수입으로 해결했다. 특히 이집트산이나 북아프리카산 곡물을 가져오려면 해양 운송이 매우 중요했다.

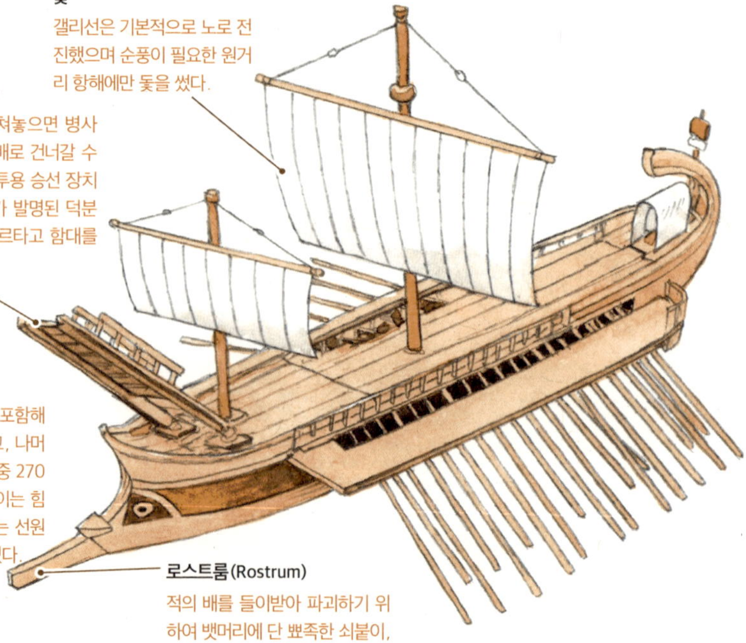

돛
갤리선은 기본적으로 노로 전진했으며 순풍이 필요한 원거리 항해에만 돛을 썼다.

코르부스(Corvus)
적선의 갑판에 걸쳐놓으면 병사가 다리처럼 적의 배로 건너갈 수 있도록 한 해상 전투용 승선 장치(사다리). 이 장치가 발명된 덕분에 로마 해군이 카르타고 함대를 이길 수 있었다.

선원
한 배에 병사는 사관을 포함해 120명 정도가 승선했고, 나머지 300명가량의 선원 중 270명은 노잡이였다. 노잡이는 힘든 육체노동에 종사하는 선원이었지만 노예는 아니었다.

로스트룸(Rostrum)
적의 배를 들이받아 파괴하기 위하여 뱃머리에 단 뾰족한 쇠붙이, 충각(衝角). 적의 배에 힘껏 부딪혀 구멍을 뚫는 용도다.

1. Galley. 범요선(帆橈船). 노와 돛을 함께 쓰는 군용선.

로마 최대의 항구 오스티아항

오스티아(Ostia)항은 로마와 바다를 연결하는 테베레(Tevere)강 하구에 있다. 제정기에는 방대한 수송량을 다 감당하지 못해 클라우디우스 황제가 2km 북쪽에 인공 항구를 하나 더 건설했지만 나중에 트라야누스 황제(→ 54쪽)가 내항을 건설하면서 오스티아항을 더 확장, 정비해 활용했다.

트라야누스 항구
106년에 트라야누스 황제가 건설한 육각형 내항. 테베레강과는 운하로 연결된다. 여기서 대형선의 짐을 소형선에 옮겨 싣고 로마로 갔다.

등대
티레니아(Tyrrhenia)해에 면한 항구 입구에 등대섬이 있었다. 상당히 거대한 등대에서 연기를 피웠으므로 낮에는 멀리서도 항구 위치를 알 수 있었다고 한다.

클라우디우스 황제가 확장한 항구
등대섬을 입구 삼아 곡선 제방 두 개가 구축되었다. 여기에는 물로 굳히는 콘크리트가 쓰였다고 한다. 이 항구를 통해 대형 선박이 출입할 수 있게 되었다.

로마 해군의 배였던 갤리선

3단 노를 이용하는 갤리선은 바람이 약하고 불안정한 지중해에 적합했다. 인력에 의존했으므로 장시간 항해에는 부적합했지만 급가속, 급감속, 방향 전환이 가능했으므로 전투에는 유용했다.

배 외부 상단에 노받이가 달려 있어서 노가 서로 부딪치지 않았다.

상단 두 단에서는 노 하나를 두 명이 저었고 하단에서는 한 명이 저었다.

도시를 가차 없이 파괴한
공성 병기

고대 로마에서는 기술 혁신이 거의 일어나지 않았다. 다만 로마는 그리스의 전유물처럼 여겨졌던 무기나 배 등 최첨단 기술을 적극적으로 도입하고 개량했다.

공성 병기는 적이 성에 틀어박혀 농성할 때 성을 포위하고 벽이나 문을 파괴하는 장비다. 로마군은 오랫동안 야전에 치중하여 이런 공성 병기를 발달시키지 못했으므로 예전에 지중해를 석권했던 마케도니아의 공성 병기와 기술을 받아들였다.

로마의 공성전 중 유명한 것이 카이사르의 갈리아 원정(→80쪽)이다. 카이사르군에 추격당하던 갈리아군이 초토화 작전으로 로마의 보급로를 끊고 성채에 틀어박혀서 농성을 시작한 것이다. 이때는 양군 모두 노포와 투석기를 사용했다. 이런 병기들은 이후 유대 전쟁(→82쪽)에서 예루살렘 포위전 등에 쓰였고 제정 시대에는 하드리아누스의 장성(→71쪽)에 배치되기도 했다.

공성 전술을 지지한 건설력

로마가 영토를 최대로 확대할 수 있었던 것은 건설 기술 덕분이었다. 전쟁의 병참(식량, 군수품 보급)이 가도와 주둔지 건설에 달려 있었기 때문이다. 또 건설 기술은 공성전에서도 힘을 발휘했다. 카이사르의 갈리아 전쟁에서도 몇 번의 공성전이 있었다. 특히 아바리쿰(Avaricum) 전투에서 로마는 불과 25일 만에 땅굴과 망루를 활용한 봉쇄선, 공성탑 등을 완성했다고 한다.

파성퇴
성문과 성벽을 뚫는 병기. 동물 가죽으로 지붕을 덮어 적의 공격을 막았다.

몽둥이 끝이 양 머리처럼 생겨서 '배터링 램(Battering ram)'으로 불린다.

병기는 현지에서 조립해서 썼다

로마군의 병기는 대부분 다른 나라에서 수입했으나 손재주 좋은 로마인은 수입한 병기를 다양하게 개량했다. 쇠뇌도 소형에서부터 노새가 끌어야 하는 대형까지 다양했는데 대형은 분해하여 운반하고 현지에서 조립해서 사용했다.

투석기(Catapult)
무거운 추나 밧줄 등의 장력을 이용해 돌을 쏘는 장치로, 전쟁터까지 소가 끄는 수레로 운반했다.

이 부분에 무거운 돌을 올리고 반동을 주어 투척했다. 기동성이 부족해 야전에는 부적합했으므로 요새 방어전이나 포위전에 주로 쓰였다.

여러 번 꼰 동물 힘줄이나 밧줄의 복원력을 이용하여 화살을 쏘았다.

노포(Ballista)
대형 화살이나 돌을 멀리 떨어진 목표물에 쏘는 장치. 줄을 감아 사용했다. 사정거리가 길고 살상력이 높았다. 로마군은 주로 소형을 썼는데, 길이가 최대 30cm나 되는 화살촉이 달린 거대한 화살을 쏠 수 있었으므로 파괴력이 상당했다.

전문직이었던 투석병

투석 부대는 본대와는 달리 타국의 지원병으로 구성되었다. 이들은 지중해의 발레아레스(Baleares) 제도에서 어릴 때부터 투석 기술을 배우고 투석 전문 용병으로 로마군에 고용된 병사들이었다. 이들이 던진 돌은 갑옷과 투구를 뚫을 만한 살상력이 있었다.

돌멩이에 새겨진 주문
우레와 삼지창 그림, 사령관과 군단의 이름, 'ACCIPE(우레에 맞는다)' 등의 주문이 새겨져 있다.

투석병(푼디토르, Funditor)
가죽 또는 천을 반으로 접어 사이에 돌을 끼우고 원심력을 이용해 적에게 던졌다.

방어 거점이 아닌 전투 거점으로 건설된
요새와 성벽

로마의 유적으로 많이 남아 있는 요새와 성벽들은 방어 거점으로 건설된 것이 아니다. 요새는 군 수송 가도의 중계 지점이었고 성벽은 출입국 관리의 거점이었다. 실제로도 로마의 요새는 해자 등 농성 시설이 없어서 기습 공격에 견디는 게 고작이었고 오히려 이동이나 왕래에 큰 도움이 되었다.

아우구스투스 황제(→ 50쪽) 시대 이후 도시에 성벽을 건설하지 않은 것을 보면 로마가 계속 영토를 확장하고 번영했다는 사실을 알 수 있다. 원래 있었던 성벽도 방어전을 치를 필요가 없어져서 아무도 거들떠보지 않게 되었다. 이런 태도는 제국 후기에 이민족의 침입이 잦아지기 전까지 이어진다.

로마는 한편으로 성을 공격할 때는 물 샐 틈 없이 철저한 봉쇄선을 구축했다. 다양한 장애물을 몇 겹으로 둘러쳐 로마의 원군마저 접근하지 못할 정도였다. 그야말로 공격용 요새를 건설한 것이다.

카이사르의 알레시아 봉쇄선

갈리아 원정 중 알레시아(Alesia) 전투(→ 81쪽) 때 고대 로마 최대의 포위망이 건설되었다. 로마군은 적진을 둘러싸듯 장애물을 몇 겹씩 구축하고 망루를 세워 감시했다.

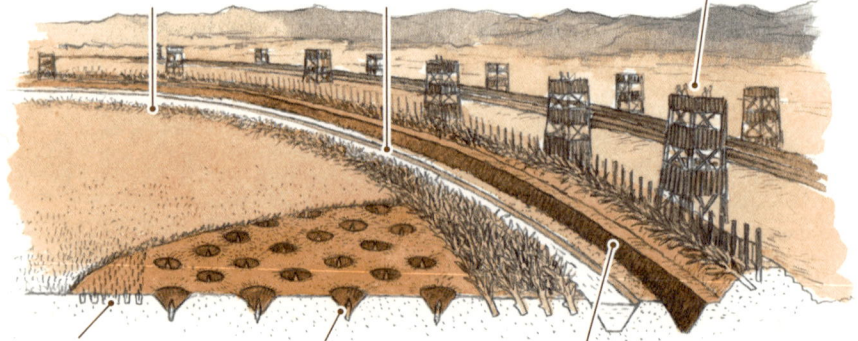

경계 말뚝
끝을 뾰족하게 깎은 말뚝을 5열로 묻었다. 서로 엮어 놓아 쉽게 빠지지 않게 했다.

두 번째 해자
첫 번째 해자에서 120m 뒤에 폭 4.5m의 해자를 파고 물을 끌어다 채웠다.

망루
24m 간격으로 세워 봉쇄선을 감시하고 방어했다.

스티물리(Stimuli, 소 잡는 갈고리)
갈고리 달린 쇠바늘이 촘촘히 박혀 있다.

릴리아(Lilia, 백합)
뾰족한 말뚝을 묻어 놓은 함정. 나뭇가지나 잔디 등으로 위장했다.

세 번째 해자
폭은 두 번째 해자와 같은 4.5m. 물은 채우지 않고 뒤에 토성과 방책을 세웠다. 방책 높이는 3.6m, 중간에 가시울타리를 쳤다.

하드리아누스 장성(방벽)

켈트족의 침입을 막으려고 하드리아누스 황제가 122년부터 브리타니아섬에 지은 약 120km의 장성(길게 둘러쌓은 성). 통관을 관리하고 제국의 위엄을 드러내려는 목적도 있었다.

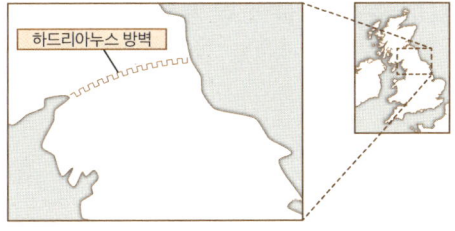

성벽
높이 4.5m. 원래는 중간까지만 석조였고 나머지는 흙과 잔디로 지어졌다.

병영
병사 8명이 주둔했다. 장성 전체에는 1만 명이 배치되었다.

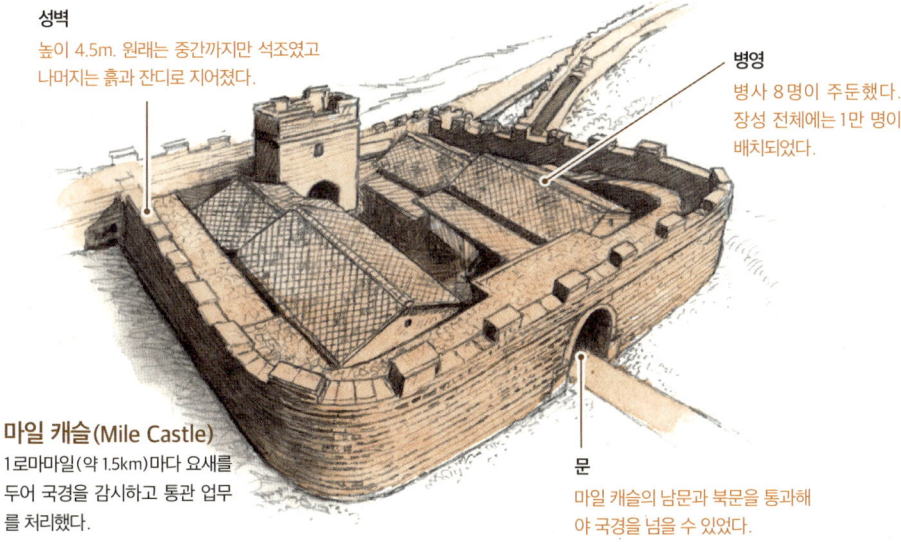

마일 캐슬(Mile Castle)
1로마마일(약 1.5km)마다 요새를 두어 국경을 감시하고 통관 업무를 처리했다.

문
마일 캐슬의 남문과 북문을 통과해야 국경을 넘을 수 있었다.

아우렐리아누스 성벽

270년경에 이민족의 침략이 시작된 후 그때까지 무방비였던 수도 로마에 성벽이 세워졌다. 이 성벽은 19세기까지 로마의 경계가 되었다.

아피우스 가도
아우렐리아누스 성벽이 생기기 전부터 훨씬 안쪽에 존재했던 세르비아네 방벽(Mura Serviane)에서 출발한다.

산 세바스티아노 문 (San Sebastiano Door)
성벽의 문 중 가장 크다. 근처 교회의 이름을 땄지만 아피우스 가도 위의 문이어서 '아피우스 문'으로도 불린다.

로마 콘크리트
콘크리트의 수명이 50~100년으로, 현대의 상식을 완전히 뒤엎을 만한 내구성을 자랑한다. 심지어 시간이 지날수록 강해진다는 연구 결과도 있다.

로마 함대 창설의 계기가 된
제1차 포에니 전쟁

공화정 로마가 이탈리아반도를 거의 통일했을 무렵 지중해의 패권은 부유한 해양 국가 카르타고에 있었다. 페니키아(현 레바논)에서 유래한 카르타고인들은 북아프리카에서 이베리아반도의 지중해 연안에 이르기까지 거점을 여럿 확보한 상태였다. 그래서 해양 교역으로 발전해 강력한 함대를 보유할 수 있었다. 그런데 기원전 264년에 시칠리아섬 분쟁을 계기로 로마와 카르타고가 대립하게 된다. 전투 대부분이 해전이었지만 로마는 원래 해군이 없었으므로 개전으로부터 3년이 지나서야 최초의 대함대를 건조하기 시작했다. 그럼에도 최후 승리는 로마에 돌아갔다. 로마가 익숙하지 않은 해전에서 승리할 수 있었던 것은 '코르부스'라는 해상 전투용 승선 장치를 활용해 해전을 보병전으로 바꾸었기 때문이다. 그렇게 로마는 20년 이상 이어진 포에니 전쟁을 승리로 끝낸 후 해군을 정식으로 출범시키고 지중해의 패권을 쥐었다.

해양 국가 카르타고

카르타고는 북아프리카의 현 튀니지 북부에 건국된 페니키아인의 식민도시다. 또한 '포에니 전쟁'이라는 명칭은 로마인이 페니키아인을 '포에니'라고 부른 것에서 유래했다.

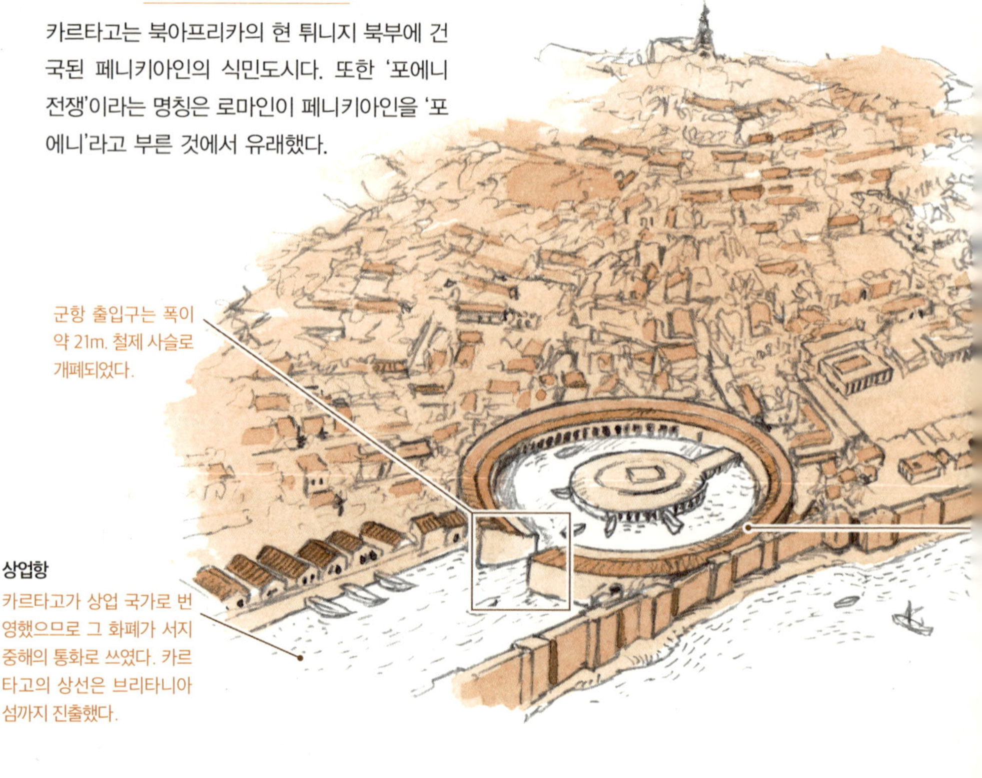

군항 출입구는 폭이 약 21m. 철제 사슬로 개폐되었다.

상업항
카르타고가 상업 국가로 번영했으므로 그 화폐가 서지중해의 통화로 쓰였다. 카르타고의 상선은 브리타니아섬까지 진출했다.

포에니 전쟁의 발단이 된 시칠리아 쟁탈전

포에니 전쟁은 시칠리아의 메시나(Messina)를 지배한 루카니아(Lucania)족 용병 마메르티니 부대가 시라쿠사이(Siracusae)를 침공하면서 발발했다. 이를 막아내고 시라쿠사이의 왕이 된 히에론 2세(Hierōn II)가 메시나를 공격하여 장악할 즈음 마메르티니인들이 로마와 카르타고 양국에 구원을 요청한 결과 전쟁의 양상이 어느새 로마와 카르타고의 시칠리아 쟁탈전으로 변했고 결국 포에니 전쟁으로까지 발전했다.

⑧ 기원전 249년, 로마 해군이 카르타고에 패했다. 이후 로마군이 열세가 되었다.

⑨ 기원전 241년, 아이가테스 제도 해전에서 로마가 대승을 거두고 카르타고는 철수했다.

④ 기원전 260년, 밀레 해전에서 로마군이 승리했다.

이탈리아반도 (로마령)

밀레(Mylae)

메시나

레기움(Regium)

아이가테스(Aegates) 제도

드레파나(Drepana)

① 마메르티니(Mamertini, 루카니아족 용병)가 지배했다.

⑦ 기원전 255년, 로마군이 스파르타인 용병 크산티푸스(Xanthippus)에게 패했다. 집정관 레굴루스(Regulus)는 포로로 잡혔다.

시칠리아섬

아그리겐툼(Agrigéntum)

③ 카르타고군의 거점이 되지만 기원전 261년, 로마군이 무너뜨렸다. 로마가 전쟁의 우위를 차지했다.

에크노무스 (Ecnomus) 곶

시라쿠사이

지중해

카르타고
투니스(Tunis)

아디스(Adys)

⑤ 기원전 256년, 에크노무스 해전에서 승리한 로마군이 기세를 몰아 아프리카를 침공했다.

⑥ 기원전 256년, 로마군이 아프리카의 아디스에서 승리하여 카르타고에 강화를 요구했다.

아프리카

② 히에론이 지배한 그리스인 식민시. 메시나를 공격했다가 메시나가 로마와 카르타고에 도움을 요청하는 바람에 제1차 포에니 전쟁이 발발했는데, 이후 히에론은 로마군과 손을 잡았다.

로마 해군의 탄생

로마는 포에니 전쟁 이후 카르타고 해군을 참고하여 함대를 정비하고 해군을 창설했다.

코르부스
갈고리 달린 승선 장치로 적선에 걸쳐놓아 다리를 만든 다음에 병사를 재빨리 적군의 배로 보냈다.

군항
코톤(Coton)이라는 내항에는 원형 돔 모양의 인공섬이 있어서 배를 200척이나 댈 수 있었다고 한다.

한니발이 이끄는 전투 코끼리와 대결한
제2차 포에니 전쟁

제1차 포에니 전쟁에서 로마에 패한 카르타고는 복수를 다짐하며 이베리아반도에 진출하여 카르타고 노바라는 거점을 구축했다.

그리고 카르타고의 장군 한니발이 기원전 218년에 이베리아반도의 사군툼(Saguntum)을 정복했다. 카르타고의 확대를 우려한 로마는 한니발의 인도를 요청했으나 카르타고는 거부했다. 이에 로마는 카르타고에 선전포고를 하고 제2차 포에니 전쟁을 시작했다.

한니발은 로마를 향해 진군했지만 로마군이 해로를 통제하고 있었고 카르타고 해군은 제1차 포에니 전쟁 패배 후 해체된 상태였다. 한니발은 바다가 아니라 산이 있는 북쪽으로 방향을 틀었고 끝내 험준한 알프스를 넘어 이탈리아에 도착했다. 로마군은 이 전대미문의 습격에 당황하여 무너지고 말았다.

사군툼 함락으로 일어난 전쟁

카르타고와 로마는 이베리아의 에브로(Ebro)강 이북은 침공하지 않는다는 약정을 맺은 상태였다. 그런데 한니발이 습격하여 순식간에 무너뜨린 사군툼은 에브로강 이남이긴 했으나 로마의 동맹 도시였다. 이에 로마는 전쟁의 시작을 공표하고 제2차 포에니 전쟁을 시작했다.[1]

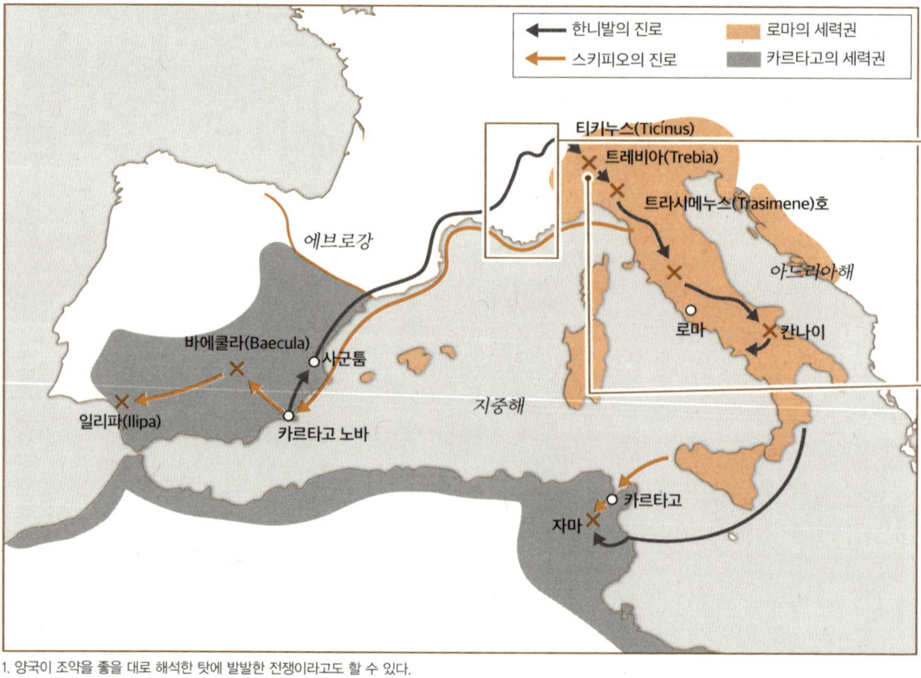

---

1. 양국이 조약을 좋을 대로 해석한 탓에 발발한 전쟁이라고도 할 수 있다.

알프스를 넘어 로마 본토를 공격한 한니발의 기발한 전략

카르타고는 제1차 포에니 전쟁의 패배로 해군을 해산한 상태였으므로 선택지는 육상전뿐이었다. 그래서 한니발은 천연 요충지로 불리는 알프스산맥을 넘어 이탈리아 북부로 쳐들어가 로마군의 허를 찌르려 했다.

알프스산맥
이탈리아반도를 둘러싸듯 이어진 유럽 최대의 산맥. 최고봉인 몽블랑(Mont Blanc)은 표고 약 4.8km로 서유럽에서 가장 높다.

전투 코끼리
카르타고는 삼림 아프리카코끼리를 전쟁에 활용했다. 다만 이 코끼리는 몸집이 작아서 기사 외의 병사를 두 명 정도만 태울 수 있었다고 한다. 게다가 알프스를 넘으면서 거의 죽어 버렸다.

한니발
카르타고의 장군. 열정적인 연설로 병사들을 고무하여 많은 전쟁을 승리로 이끌었다. 포에니 전쟁에서는 포로로 잡은 로마 동맹군 병사를 몸값 없이 해방하여 자국군으로 포섭했다고 한다.

알프스 넘어
론(Rhône)강을 건넌 카르타고군은 겨울이 되기 전에 알프스를 넘기로 하고 아직 밝혀지지 않은 경로로 15일 만에 토리노(Torino)에 도착했다고 한다.

스키피오
로마군의 젊은 지휘관. 한니발이 이끄는 카르타고군과는 기원전 218년 티키누스 전투에서 처음 격돌했다. 결과는 로마의 패배였으며 이때 스키피오도 부상을 입고 도망쳤다고 한다.

로마군을 궤멸시킨 칸나이 전투

칸나이 전투는 제2차 포에니 전쟁에서 가장 대규모의 전투로 로마군 8만 명, 카르타고군 4만 명이 격돌했다고 한다.

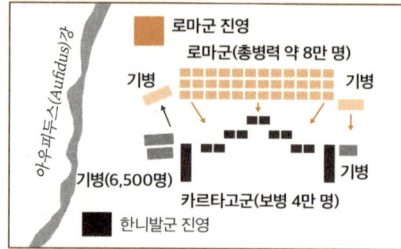

초반의 양익 기병전에서는 우익을 먼저 무너뜨린 카르타고 기병이 좌익을 협공했다. 한편, 중앙의 보병전에서는 로마군이 우세하여 궁형 진형을 취한 카르타고군이 후퇴했다. 그러자 한니발이 좌우 보병을 전진시켜 진형을 U자형으로 바꾸고 로마 보병을 좌우에서 포위했다. 기병전에서 이긴 카르타고 기병도 배후로 들어가 함께 로마군을 궤멸시켰다. 이 전투는 후세 사람들에게 가장 완벽한 포위전으로 꼽힌다.

한니발은 기원전 216년, 이탈리아반도 남부의 칸나이에서 로마군과 싸워 승리했다. 이 전투에서 로마군은 사망자만 5만 명에 달하는 궤멸적 패배를 경험했다.

한니발은 이후 로마의 동맹국을 무너뜨리는 데 전념하여 제1차 포에니 전쟁 때 로마와 동맹을 맺은 시칠리아섬 남동부의 시라쿠사이를 카르타고의 편으로 만들었다. 마케도니아 왕과도 동맹을 맺고 로마를 공격하라고 재촉했다(제1차 마케도니아 전쟁, →78쪽). 그러나 로마가 지구전에 돌입하자 거점 없는 원정군인 카르타고가 열세로 돌아섰다. 그런 상황에서 이베리아반도에 파견된 로마의 장군 스키피오가 카르타고 노바를 무너뜨리고 이베리아반도를 손에 넣었다. 그리고 기원전 204년, 독자적으로 병사를 모아 아프리카에 상륙했다. 스키피오가 아프리카 각지에서 승리를 거듭하자 카르타고는 이탈리아반도에 있던 한니발을 본국으로 불러들였다. 기원전 202년 10월, 스키피오와 한니발이 자마에서 결전을 치른 결과, 로마가 승리하고 스키피오는 구국의 영웅이 되었다. 한편, 카르타고는 자치권을 보증받기는 했지만 해외 영토를 다 포기하고 거액의 배상금을 물어야 했다.

아르키메데스의 발명 병기로 고전한 시라쿠사이 포위전

카르타고 편으로 돌아선 시라쿠사이를 로마군이 포위했다. 시라쿠사이군의 지휘는 고명한 과학자 아르키메데스(Archimedes)가 맡았다. 아르키메데스는 이미 70대였지만 자신이 발명한 병기를 활용하여 로마군이 접근할 수 없게 했다. 그래서인지 오히려 시라쿠사이의 병사들이 방심하여 적의 침입을 허용했고 아르키메데스도 전사했다.

아르키메데스의 갈고리발톱
바다에 면한 성벽 안에 기중기를 설치하고 그 줄 끝에 달린 금속제 갈고리발톱을 다가오는 적선에 걸어 전복시키는 병기.

아르키메데스의 열 광선
거대한 거울을 줄지어 세워 놓고 태양광을 한꺼번에 반사하여 적선의 돛에 불을 붙였다고 한다. 그 외에 투석기, 노포 등도 활용했다.

자마 전투

포에니 전쟁의 최종 전투인 자마 전투 초반에 카르타고군이 실행한 코끼리 돌격 작전은 실패로 끝났다. 이후 보병끼리 씨우게 되자 훈련으로 뛰어난 조직력을 갖춘 로마군이 주도권을 쥐었고 스키피오는 카르타고군의 배후로 기병을 보내 적을 포위했다. 그 결과 칸나이 전투를 재현하는 듯한 포위 섬멸로 로마가 승리했다.

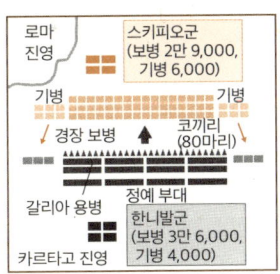

코끼리의 길
스키피오는 코끼리에 대비해 미리 대책을 세웠다. 전투가 시작되자 달려드는 코끼리들이 지나갈 수 있도록 길을 터준 것이다.

전투 코끼리
돌진하던 코끼리는 방향을 바꾸려고 일단 정지했다. 그 틈을 노려 공격해 코끼리를 무력화시켰다.

헬레니즘 제국 정복의 발판이 된
마케도니아 전쟁

마케도니아는 알렉산드로스 대왕 시대에 그리스와 페르시아를 지배한 대제국이었으나 대왕이 죽은 후에 후계자 쟁탈전으로 분열한 탓에 예전 세력을 잃고 그리스의 패권을 두고 로마와 다투고 있었다. 마케도니아의 필리포스 5세(Philippos V)와 한니발이 칸나이 전투 후 동맹을 체결했으므로 로마는 카르타고와 마케도니아에 협공당할 위기에 처한 듯했다. 그러나 실제로는 소규모 전투만 일어났다(제1차 마케도니아 전쟁). 로마는 제2차 포에니 전쟁에 승리한 후 마케도니아 세력을 제거하기로 했으므로 마케도니아의 위협에 노출된 아테네와 로도스(R'odhos) 등의 구원 요청에 응해 마케도니아를 침공했다. 그리고 기원전 197년 키노스케팔라이(Cynoscephalae) 전투에서 마케도니아군을 격파했다(제2차 마케도니아 전쟁). 이때 맺은 강화 조약에 따라 마케도니아는 영토 확대를 금지당했고 다른 그리스 도시들도 사실상 로마의 지배를 받게 되었다. 그 후 마케도니아가 조약을 어기고 다른 나라를 침범하여 영토 확대를 꾀하자 로마가 다시 마케도니아에 전쟁을 선포하고 싸움에 나서 피드나(Pydna) 전투에서 승리했다(제3차 마케도니아 전쟁). 이 일로 마케도니아가 로마의 속주가 되었으므로 로마는 동지중해를 안정적으로 지배하게 되었다.

카르타고와 마케도니아의 동맹

카르타고의 한니발은 마케도니아의 필리포스 5세와 동맹을 맺었으므로 로마를 협공할 수 있다고 여겼으나 실제로 마케도니아는 카르타고의 일리리아(Illyria)에 진출을 인정할 뿐 원군을 보내는 데에는 소극적이었다.

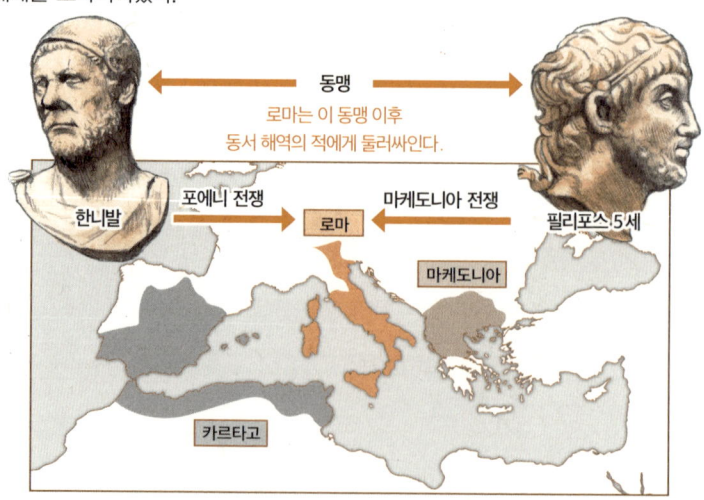

중장 보병과 기마병

로마군은 징병제였지만 레기오의 중심인 중장 보병이 되려면 로마 시민권과 일정한 재산이 있어야 했다. 군역 기간은 기마병 10년, 중장 보병 16년이었다.

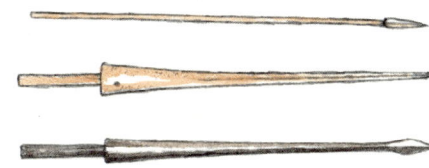

필룸(Pilum)
원거리 공격을 위한 투창. 원래 장창(하스타, Hasta)이 주력이었으나 공화정에서 군대의 전열 방식을 도입한 후로 제3열을 제외하고는 거의 투창을 썼다.

로리카 세그멘타타 (Lorica segmentata)
신체를 따라 구부린 판금을 겹쳐 만든 갑옷. 때리기나 찌르기에 잘 견뎠다. 쓰지 않을 때는 작게 접을 수 있었다. 로리카 하마타보다 비쌌다.

푸기오(Pugio)
단검. 글라디우스를 짧게 만든 형태. 보조용 무기지만 신분 등을 과시하기 위해 장식으로 달았다.

스파타(Spatha)
기병의 장검. 보병은 오랫동안 주로 글라디우스를 썼으나 시대가 바뀌어 기병의 스파타를 쓰게 되자 '스파타'가 검의 대명사가 되었다.

로리카 스쾀마타(Lorica squamata)
작은 판을 꿰매 붙인 갑옷. 판금 갑옷보다 가볍지만 기술과 품이 더 들었으므로 널리 쓰이지는 못했다. 대신 갈리아족의 장비를 보고 고안한 '로리카 하마타'가 일반적으로 쓰였다.

갈레아
처음에는 단순히 밥그릇처럼 생긴 헬멧이었지만 시간이 흐르면서 뺨끈과 빗물받이, 이마를 보호하는 차양, 후두부를 보호하는 가리개 등이 추가되었다.

스쿠툼(Scutum)
중장 보병용 방패. 방패 일반을 가리키는 이름이기도 하다. 방패의 문양은 소속을 나타내므로 군단마다 다르다.

말
이 시대의 말은 키가 140cm 정도로 작았으므로 지금은 조랑말로 분류될 듯하다.

케트라투스(Cetratus)
기병용 방패. 기병이 소지하기 쉽도록 가늘고 긴 형태로 만들어졌다.

등자 없음
유럽에는 등자가 상당히 늦게 전해져 7세기 이전의 문헌에는 등장하지 않는다. 따라서 로마 시대의 기마병은 발을 디딜 수 없어서 전투력이 낮았다.

신구 중장 보병 전술의 격돌

마케도니아는 알렉산드로스 대왕의 전술을 계승한 '장창 밀집 진형' 전술을 구사했다. 따라서 마케도니아 전쟁에서 로마군은 창을 던지고 재빠르게 이동하며 밀집 진형을 흩은 후에 백병전을 유도했다.

장창 밀집 진형(팔랑크스)
마케도니아를 비롯한 헬레니즘 왕국의 특기. 장창을 든 중장 보병을 밀집시켜 적이 접근하지 못하게 했다.

제3차 마케도니아 전쟁(피드나 전투)
이 전투에서 마케도니아군의 팔랑크스는 궤멸했다. 항복한 왕은 묶인 채 개선식에 끌려다녔다고 한다. 이때 안티고노스(Antigonos) 왕조는 멸망했고 로마는 마케도니아를 네 공화국으로 나누었다. 이후 반란이 일어났지만 제압되었고(제4차 마케도니아 전쟁) 마케도니아는 로마에 전면 항복하여 속주가 되었다.

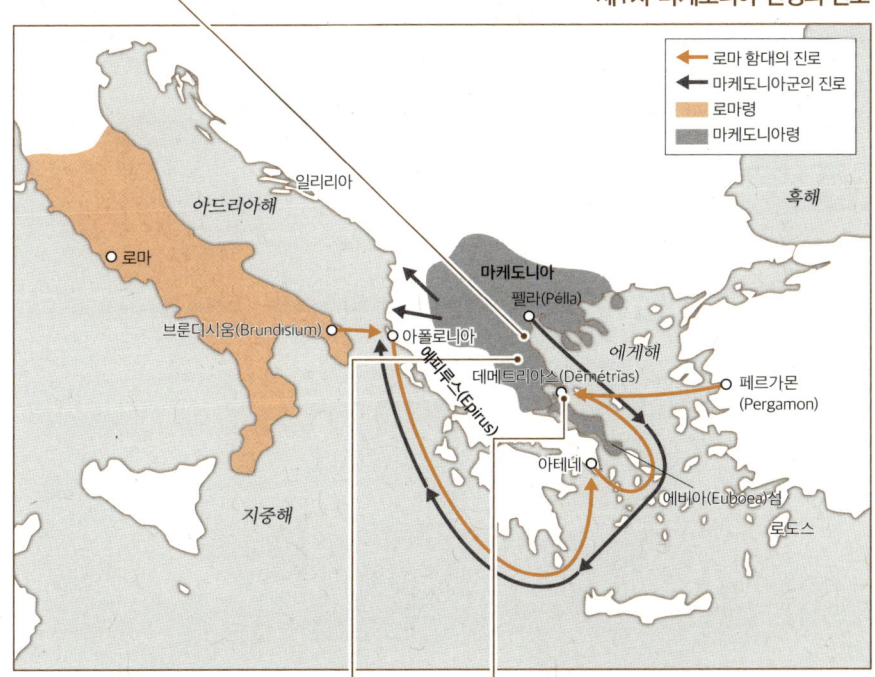

제1차 마케도니아 전쟁의 진로

제2차 마케도니아 전쟁(키노스케팔라이 전투)
카르타고가 로마에 패한 뒤 마케도니아는 시리아와 동맹을 맺고 아테네를 공격하지만 구원에 나선 로마군과의 육상 전투에서 패한다. 이후 마케도니아는 국외 영토를 포기했다.

제1차 마케도니아 전쟁
마케도니아 육·해군이 일리리아에 진출했다. 이에 로마는 페르가몬과 동맹을 맺고 함대를 파견하여 에비아섬을 공격했으나 이후에는 큰 전투가 없었다.

공병대가 신속하게 봉쇄선을 구축하여 승리한
카이사르의 갈리아 원정

정치가 카이사르(→ 24쪽)의 위업으로 갈리아 원정을 꼽을 수 있다. 갈리아는 현재 프랑스에 해당하는 지역으로 갈리아족이 사는 곳이었는데 카이사르는 사령관이 되어 기원전 58년에 이곳의 원정을 시작했다. 그러나 작은 부족들이 거듭 반란을 일으키는 바람에 8년이 지난 기원전 51년에야 갈리아를 평정할 수 있었다. 그중에서도 제일 골치 아픈 반란군 대장이 아르베르니(Arverni)족의 베르킨게토릭스였다. 베르킨게토릭스는 갈리아 전 부족의 통일군 창설을 제안하여 총대장이 되었으며 도시를 불태워 로마군의 보급을 끊고 남은 도시에서 방어전으로 맞서는 '초토화 작전'을 고안한 인물이었다.

이에 카이사르는 공병을 활용하여 성 주변에 토성 등 봉쇄 시설을 구축하고 갈리아군이 농성하는 요새를 포위하는 작전을 썼다. 그 결과 기원전 52년에 아바리쿰과 알레시아에서 갈리아군을 몰아붙여 베르킨게토릭스의 항복을 받아냈다.

천재적 전술로 승리한 아바리쿰 포위전

이 전투에서 카이사르는 성을 빙 둘러 토성을 쌓았다. 로마군은 아바리쿰을 둘러싼 성벽과 로마 본영을 연결하는 이 거대한 건축물을 겨우 25일 만에 완성했다고 한다.

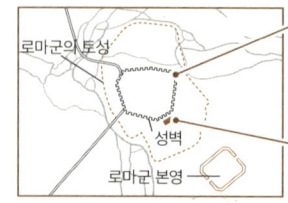

아바리쿰
갈리아군은 로마의 행동 범위에 있는 마을을 불태우는 초토화 작전을 썼으나 아바리쿰은 천연 요충이라 제외되었다.

성 주변의 토성
성벽으로 갈수록 점점 높아졌고 폭은 100m, 높이는 24m였다. 성 주변에 해자도 팠다.

공성 망루
토성 위에 세운 망루.

방해 공작
갈리아군은 토성 밑에 땅굴을 파고 들어가 지지 기둥에 불을 질러 토성을 무너뜨리려 했다.

8년에 걸친 갈리아 장악

갈리아족은 한 번 복종했다가도 다시 반란을 일으켰으므로 원정을 완수하는 데 오랜 시간이 걸렸다. 그러나 이 전쟁 덕분에 로마인들은 카이사르를 더욱 숭배하게 되었다.

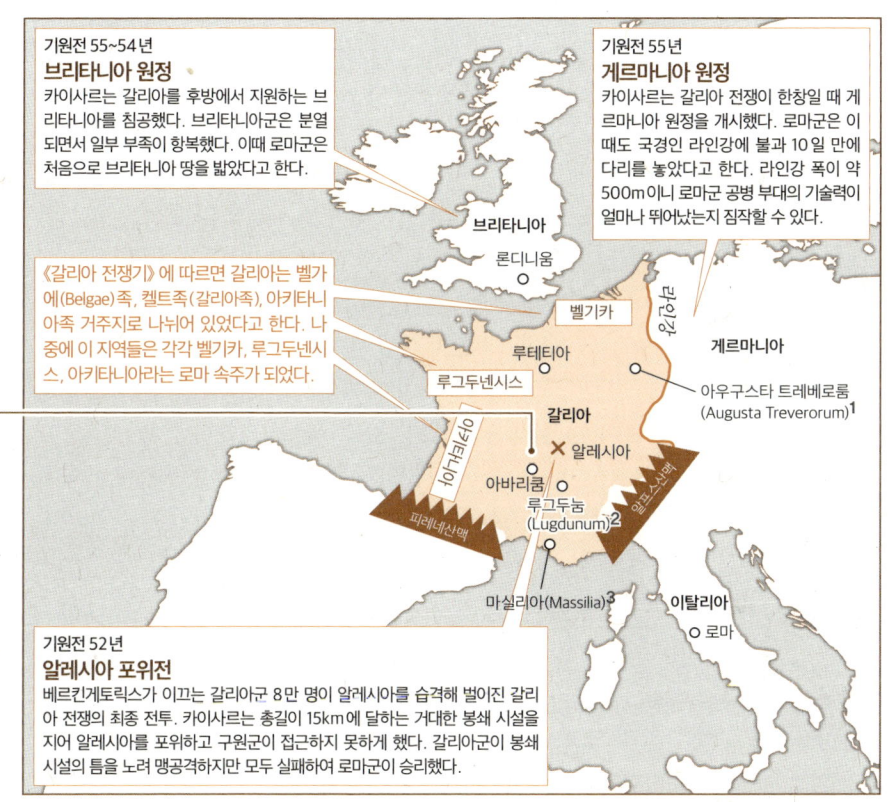

기원전 55~54년
브리타니아 원정
카이사르는 갈리아를 후방에서 지원하는 브리타니아를 침공했다. 브리타니아군은 분열되면서 일부 부족이 항복했다. 이때 로마군은 처음으로 브리타니아 땅을 밟았다고 한다.

기원전 55년
게르마니아 원정
카이사르는 갈리아 전쟁이 한창일 때 게르마니아 원정을 개시했다. 로마군은 이때도 국경인 라인강에 불과 10일 만에 다리를 놓았다고 한다. 라인강 폭이 약 500m이니 로마군 공병 부대의 기술력이 얼마나 뛰어났는지 짐작할 수 있다.

《갈리아 전쟁기》에 따르면 갈리아는 벨가에(Belgae)족, 켈트족(갈리아족), 아키타니아족 거주지로 나뉘어 있었다고 한다. 나중에 이 지역들은 각각 벨기카, 루그두넨시스, 아키타니아라는 로마 속주가 되었다.

기원전 52년
알레시아 포위전
베르킨게토릭스가 이끄는 갈리아군 8만 명이 알레시아를 습격해 벌이진 갈리아 전쟁의 최종 전투. 카이사르는 총길이 15km에 달하는 거대한 봉쇄 시설을 지어 알레시아를 포위하고 구원군이 접근하지 못하게 했다. 갈리아군이 봉쇄 시설의 틈을 노려 맹공격하지만 모두 실패하여 로마군이 승리했다.

베르킨게토릭스
당대 군사령관치고는 적장에 너그러웠던 카이사르도 베르킨게토릭스를 두려워해 가차 없이 처형했다. 그만큼 그의 재능과 인망이 대단했다고도 말할 수 있다. 프랑스 최초의 영웅으로 불린다.

《갈리아 전쟁기》

갈리아 원정의 경위는 카이사르가 직접 쓴 《갈리아 전쟁기》에 기록되어 있다. 《갈리아 전쟁기》는 당시 유명인의 기록으로서만이 아니라 라틴어 명저로도 유명하다. 카이사르가 개인의 영예를 위해 갈리아 원정을 시작했다고 생각하기 쉽지만 《갈리아 전쟁기》에는 '갈리아족을 게르만족의 위협에서 구하기 위한 전쟁'이라고 적혀 있다. 다만 이것은 스스로 전쟁을 정당화하여 호감도를 높이려는 선전 문구일 수도 있다.

1. 영어로 번역하면 'City of Augustus in the Land of the Treveri' 즉 트레베리족의 땅에 세워진 아우구스투스의 도시라는 뜻이다. 현재의 독일 트리어.
2. 현재의 프랑스 리옹(Lyon).
3. 현재의 프랑스 마르세유(Marseille).

'성전'을 구호로 내건 유대인의 반란
제1차 유대 전쟁

유대인이 거주했던 팔레스티나는 기원후 6년부터 로마의 속주였다. 로마는 속주의 문화에 관용적이었으나 선민사상이 있는 유대교만은 이질적이어서 서로 융화하지 못했다. 게다가 유대인 대부분이 로마 총독의 전횡을 불만스러워했다. 그러다 로마군이 예루살렘 신전의 보물 약탈을 계기로 제1차 유대 전쟁이 발발했다. 로마인이 그들의 성지를 파괴하자 유대인이 반란을 일으킨 것이다. 로마 총독은 주모자를 처형하여 사태를 수습하려 했으나 반란은 오히려 더 널리 확대되었다. 이에 네로(→ 52쪽) 황제는 66년에 베스파시아누스 장군을 파견하여 사마리아와 갈릴리를 평정한 후 예루살렘을 포위하고 파괴했다. 이때 예루살렘 신전이 완전히 무너졌고 유일하게 남은 서쪽 벽이 현재 유대교의 성지인 '통곡의 벽'이 되었다. 그 후 마사다를 습격한 최후의 유대교 저항 세력을 로마가 소탕하여 전쟁을 끝냈다. 하드리아누스 황제(→ 54쪽)가 다스린 132년에도 반란이 일어나(제2차 유대 전쟁) 예루살렘이 파괴되었다. 이때는 모든 유대인이 예루살렘 거주를 금지당했으므로 전 세계로 뿔뿔이 흩어지게 되었다(디아스포라).

로마 제국의 속주였던 팔레스티나[1]

팔레스티나는 기원전 63년에 폼페이우스(→ 44쪽) 장군이 정복한 지역이다. 기원전 4년까지만 해도 로마가 인정한 팔레스티나의 왕 헤로데(Herod, 헤롯 대왕)가 통치했으나 헤로데가 죽은 후 세 아들들에게 분할되었다가 일부는 총독이 파견되어 다스리는 속주가 되었다.

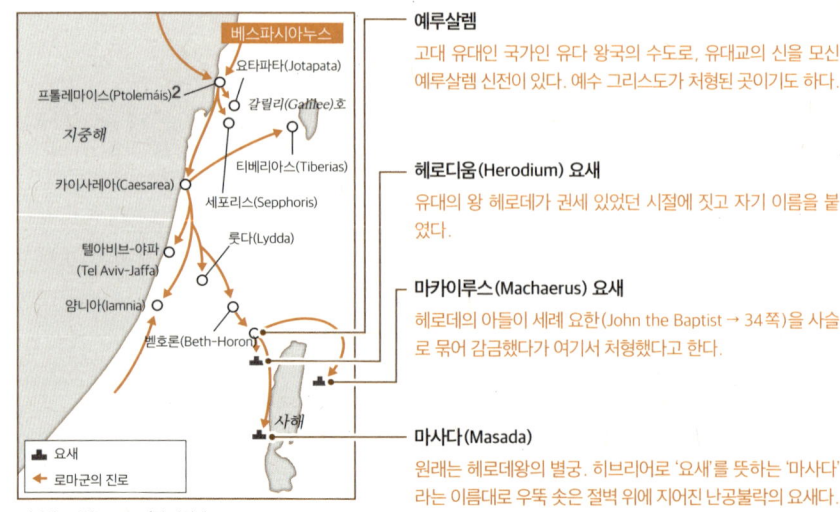

예루살렘
고대 유대인 국가인 유다 왕국의 수도로, 유대교의 신을 모신 예루살렘 신전이 있다. 예수 그리스도가 처형된 곳이기도 하다.

헤로디움(Herodium) 요새
유대의 왕 헤로데가 권세 있었던 시절에 짓고 자기 이름을 붙였다.

마카이루스(Machaerus) 요새
헤로데의 아들이 세례 요한(John the Baptist → 34쪽)을 사슬로 묶어 감금했다가 여기서 처형했다고 한다.

마사다(Masada)
원래는 헤로데왕의 별궁. 히브리어로 '요새'를 뜻하는 '마사다'라는 이름대로 우뚝 솟은 절벽 위에 지어진 난공불락의 요새이다.

1. '팔레스타인(Palestine)'의 라틴어.
2. 현재 이스라엘의 아크레(Acre).

신전
유일신 야훼(Yahweh)를 모신 신전. 유일하게 남은 서쪽 성벽에서 유대인들이 예배하며 신전 파괴를 슬퍼했던 것이 '통곡의 벽'의 기원이 되었다.

아그리파의 벽
로마 황제가 공인한 유대 왕 아그리파가 지었으나 전쟁으로 무너졌다.

베제타(Bezetha)
로마군은 성을 빙 둘러 토성을 쌓고 비교적 수비가 허술한 신시가지인 베제타로 침입했다.

윗마을
서쪽에 헤로데의 궁전이 있다. 신전을 불태운 후 로마군이 마을을 점령하고 주민 대부분을 죽였다.

예루살렘 공성전

예루살렘 성벽과 신전은 파괴되었고 도시에 살던 유대인은 거의 죽거나 노예로 팔렸다. 이 유대 전쟁의 경위는 당시의 유대인 지휘관 요세푸스(Flavius Josephus)가 쓴 《유대 전쟁사》에 상세히 나와 있다.

최종 결전이었던 마사다 공방전(72-73년*)

유대군이 농성했던 마사다는 천연 요새였다. 그러나 로마군이 산 중턱에 공성용 도로를 건설하여 유대군을 궁지로 몰자, 유대 병사들과 그 가족 960명이 유대의 지도자 엘라자르(Elazar)의 권유로 집단 자결했다.

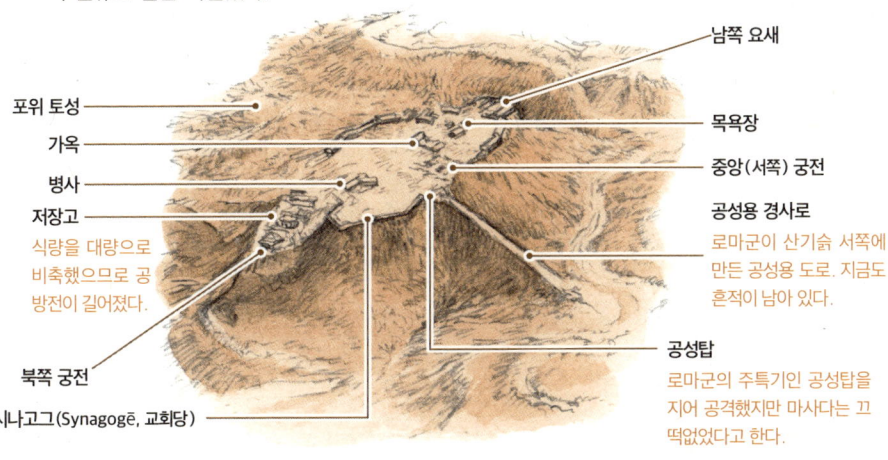

남쪽 요새

포위 토성

가옥

병사

저장고
식량을 대량으로 비축했으므로 공방전이 길어졌다.

목욕장

중앙(서쪽) 궁전

공성용 경사로
로마군이 산기슭 서쪽에 만든 공성용 도로. 지금도 흔적이 남아 있다.

북쪽 궁전

시나고그(Synagogē, 교회당)

공성탑
로마군의 주특기인 공성탑을 지어 공격했지만 마사다는 끄떡없었다고 한다.

한걸음 더 3

로마 제국을 궁지로 몰아넣은
게르만족의 침입

게르만족의 침입은 서로마 제국을 송두리째 흔들어 놓았다. 이들의 움직임이 격렬해진 것은 370년 경 중앙아시아의 유목민으로 여겨지는 훈족이 서쪽으로 이동했기 때문이다. 이때 훈족에게 떠밀린 게르만 부족들은 브리타니아, 이베리아, 북아프리카 등 로마 제국의 영역을 침범하여 새로운 나라를 건국했다. 여기에 훈족의 왕 아틸라가 이끄는 기마 부대까지 합세하자 상황은 점점 더 심각해졌다.

이때 로마를 괴롭힌 게르만족 중 가장 유명한 인물이 서고트의 수장이었던 알라리크 1세(Alaric I)다. 알라리크는 원래 로마군의 일원이었으나 큰 희생을 치렀는데도 충분한 보상을 받지 못하자 로마를 배반하고 적대했다. 410년에는 이탈리아반도로 쳐들어가 3일간 로마를 약탈하기도 했다. 이 사건으로 당시 로마 제국의 수도였던 라벤나(Ravenna)뿐만 아니라 제국 전역이 큰 충격을 받았다.

그 후 455년에도 게르만족 중 반달족의 왕 가이세리크(Gaiseric)가 로마를 약탈했다. 이때 반달족은 2주 동안 로마의 재산과 보물을 약탈하고 건축물 등 문화재도 대부분 파괴했다. 이때부터 야만적인 파괴, 약탈 행위를 '반달리즘(Vandalism)'으로 부르게 되었다.

훈족의 왕 아틸라(Attila)
훈족은 정확한 출신이 밝혀지지 않은 아시아계 유목민족으로 아틸라왕 시대에 전성기를 맞았다.

아틸라 휘하의 기마병 부대는 말 위에서 활을 쏘는 기동력을 무기 삼아 로마인과 게르만족을 위협했다.

로마 황제의 상을 밧줄로 묶기도 했다.

서고트의 수장 알라리크 1세
과거에 로마군에 복무했으나 보수에 불만을 품고 배반하여 로마를 공격하고 파괴했다.

제 4 장
고대 로마의 건축과 토목 기술

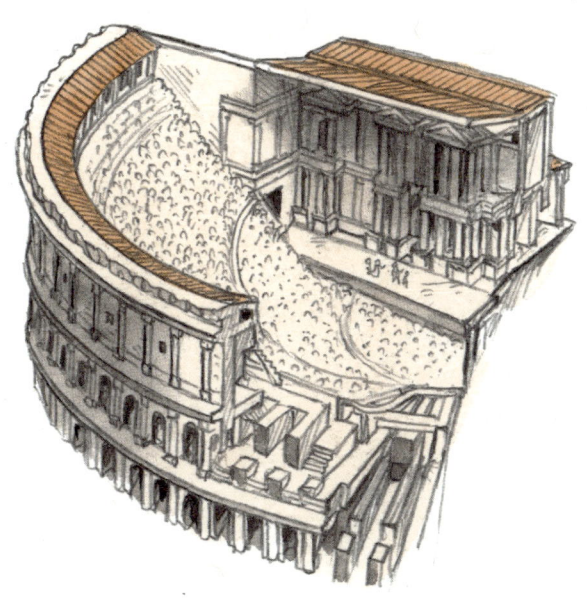

목숨 건 싸움이 펼쳐진
원형 경기장

원형 경기장은 로마 제국의 건축을 대표하는 시설로 중앙의 넓은 아레나(Arena)[1]를 관객석이 빙 둘러싸는 구조다. 시민들은 이 아레나에서 목숨 걸고 싸우는 검투사를 보며 열광했다.

가장 오래된 원형 경기장은 기원전 80년경에 건설된 폼페이 원형 경기장(→155쪽)이고 이후에도 각지에 비슷한 시설들이 지어졌다.

그중 가장 유명한 것이 로마 시내에 남아 있는 콜로세움(Colosseum)이다. 콜로세움은 기원후 70~80년에 베스파시아누스 황제와 티투스(Titus) 황제가 지었는데 외벽 높이가 최고 52m에 달하며 수용 인원은 최대 5만 5,000명이나 된다. 장식적으로도 훌륭하여 각 부분에 숙련된 장인들이 참여했으며 그 장대함으로 로마 제국의 영광을 구현하는 듯하다. 소재는 주로 화산재를 활용한 콘크리트로, 몇 번의 대지진으로 무너지긴 했지만 당시 건축 기술이 상당히 높은 수준이었음을 짐작하게 한다.

각지에 남아 있는 거대 원형 경기장

고대 로마인이 경기장의 구경거리를 매우 좋아했으므로 콜로세움을 본뜬 원형 경기장이 차례차례 지어졌다. 아를(Arles), 베로나(Verona) 등 유럽뿐만 아니라 튀니지(Tunisia)나 리비아(Libya) 등 아프리카 각지에도 멋진 원형 경기장의 유적이 남아 있다.

세계 유산으로 등재된 지금까지도 투우 등 행사에 실제로 사용된다.

아를의 원형 경기장
남프랑스의 아를에 있는 원형 경기장. 1세기 후반에 건설된 3층 건물로 2만 명을 수용할 수 있었다.

---

1. 라틴어로 '모래'라는 뜻. 원형 극장 한가운데에 모래를 깔아 놓은 경기장을 가리킨다.

엘젬(El Djem)의 원형 경기장

튀니지의 엘젬은 로마 제국의 속주로 번영한 도시로, 이곳의 원형 경기장이 북아프리카에서는 제일 크다. 요새로 쓰인 역사가 있을 정도로 거대하면서도 보존 상태가 매우 좋은 유적이다.

관객석
폭이 148m여서 3만 5,000명의 관객을 수용할 수 있었다.

아레나
길이 65m, 폭 39m의 아레나 바닥에는 모래가 깔려 있었다. 지하 통로에는 야생 동물과 검투사의 대기실이 남아 있다.

경기장에서 사투를 벌인 검투사들

원형 경기장에서 사투를 벌인 검투사들은 거의 전쟁 포로, 범죄자, 노예였으나 최근 밝혀진 바에 따르면 여성 검투사나 스스로 지원한 검투사도 있었던 듯하다. 검투사들의 싸움에는 명예와 상금이 걸려 있었다.

관객
검투사의 시합을 관전할 뿐만 아니라 패자를 살릴지 죽일지 결정할 권한이 있었다.

검투사
양성소에서 혹독한 훈련을 받았다. 한쪽이 쓰러질 때까지 승부가 이어졌고 패자는 관객에게 목숨을 구걸해야 했다. 맹수와 싸울 때도 있었다.

심판
시합을 심판하다가 어느 정도 승부가 정해지면 패배한 검투사를 죽일지 살릴지 관객에게 묻는다.

패자
숨이 끊어지거나 전투 불능 상태가 되면 패배했다. 살아 있는 패자의 생사는 관객이 결정했다.

원형 경기장을 대표하는 콜로세움

콜로세움은 지금도 로마 최고의 관광 명소이자 내부 견학이 가능한 유적이다. 바깥 둘레는 188×156m, 아레나는 86×54m의 타원형이며 지하에는 맹수를 가둬 두었던 우리가 있다. 콜로세움 외관이 크게 손상된 것은 지진으로 인한 붕괴와, 이후 이곳의 돌을 다른 건축에 쓰기 위해 가져갔기 때문이다.

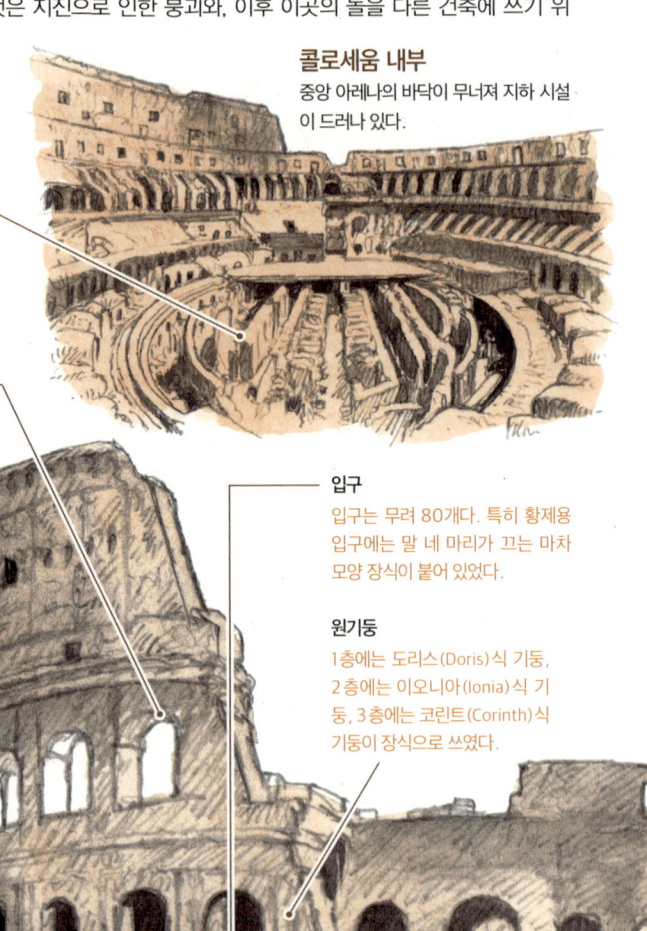

콜로세움 내부
중앙 아레나의 바닥이 무너져 지하 시설이 드러나 있다.

지하 시설
바닥이 무너져 지하 시설이 훤히 들여다보인다. 원래는 이곳에 맹수 우리뿐만 아니라 맹수를 지상에 끌어올리는 도르래 같은 장치가 80대나 있었다.

볼트(Vault)
벽면에는 깊이 있는 아치가 터널 모양으로 줄지어 있다. 이런 건축 구조를 '볼트'라고 한다.

코린트식 원기둥
고대 그리스의 건축 양식. 가는 기둥에 긴 홈이 24개 파여 있다. 이오니아식 기둥에서 파생되었으나 기둥머리의 장식이 더 복잡하다.

이오니아식 원기둥
고대 그리스의 건축 양식. 기둥머리에는 소용돌이 장식이 있고 기둥에는 24개의 긴 홈이 파여 있다.

입구
입구는 무려 80개다. 특히 황제용 입구에는 말 네 마리가 끄는 마차 모양 장식이 붙어 있었다.

원기둥
1층에는 도리스(Doris)식 기둥, 2층에는 이오니아(Ionia)식 기둥, 3층에는 코린트(Corinth)식 기둥이 장식으로 쓰였다.

도리스식 원기둥
고대 그리스의 건축 양식. 코린트식, 이오니아식보다 역사가 깊다. 위의 두 양식보다 굵고 둥그스름하다.

고대 로마의 건축과 토목 기술

그늘막
콜로세움의 최상부에는 해를 가리는 그늘막을 설치할 수 있었다. 지름이 약 200m나 되며, 천막을 지탱하는 240개의 장대가 설치되어 있었다.

출입구
표에 적힌 좌석 번호에 가까운 출입구로 들어가면 모두가 원활하게 이동할 수 있었다.

대리석 좌석
1층의 원로원 좌석은 대리석으로 호화롭게 꾸며져 있었다. 맨 위에는 여성이나 신분 낮은 사람들을 위한 나무 의자가 설치되어 있었다.

원로원 의원석

단면도
콜로세움의 단면도. 콘크리트 천장과 트래버틴(Travertine) 석회암[1]으로 만든 벽이 거대한 구조물을 지탱하는 형태다. 총 4층 건물로 뼈대는 콘크리트, 표면은 대리석이었다.

장식으로 쓰인 조각
아치에는 원래 신과 영웅을 본뜬 조각이 있었다고 한다.

1. 천연 탄산칼슘이 퇴적되어 형성된 석회암의 일종. 고대 로마 시대부터 건축 자재로 널리 쓰임.

시민들을 열광시킨 격투 현장

아레나에서는 검투사끼리의 싸움 외에도 다양한 행사가 개최되었다. 아레나에 물을 채우고 모의 해전을 펼치거나 맹수와 검투사를 싸우게 했으며 때로는 죄인을 처형하거나 그리스도교도를 박해하기도 했다.

검투사의 시합
검투사는 장비에 따라 호칭이 달랐다. 오른쪽 모자이크화에는 투망과 삼지창을 든 투망 검투사(왼쪽)와 얼굴을 가리는 투구를 쓴 추격 검투사(오른쪽)가 표현되어 있다.

심판

추격 검투사[1]
팔에 갑옷을 두르고 방패와 검을 들고 싸웠다.

투망 검투사[2]
납덩이 달린 그물로 적의 발을 걸거나 삼지창으로 적을 찔렀다. 다른 검투사와 달리 투구를 쓰지 않았다.

검투사 스파르타쿠스의 반란
카푸아(Capua)의 검투사 노예 양성소에 들어갔으나 구경거리가 되고 싶지 않았던 스파르타쿠스가 노예 동료들을 모아 일으킨 반란. 2년이나 이어졌으므로 검투사뿐만 아니라 농업 등에 종사했던 노예들까지 합세했다. 게다가 이 반란군은 무적으로 알려졌던 당시 로마군을 여러 차례 무찔러 후세에 이름을 남겼다.

물고기 투구 검투사[3]
물고기 꼬리지느러미처럼 생긴 투구는 물고기 투구 검투사의 상징이었다.

1. 세쿠토르(Secutor). 방패와 단도를 가지고 투망 검투사와 싸우는 검투사.
2. 레티아리우스(Retiarius). 삼지창과 그물을 가지고 싸우는 투망 검투사.
3. 미르밀로(Miurmillo). 독특한 모양의 투구를 쓰고 방패와 짧은 칼을 들고 싸우는 검투사.

모의 해전

아레나에 물을 채워 인공호를 만들어 그 위에 실제 배를 띄워 모의 해전을 펼쳤다. 검투사의 결투처럼 한쪽이 질 때까지 계속할 때도 있었고 예전의 유명한 해전을 재현할 때도 있었다.

인공호
경기장에 배를 띄울 만큼 물을 채울 수 있었던 것도 로마의 탁월한 수도 기술 덕분이었다.

검투사
중죄인이거나 노예였던 검투사들은 이런 행사에서 대부분 목숨을 잃었다.

황제
초대 황제 아우구스투스(→ 50쪽)를 비롯한 로마 황제들이 자신이 이긴 전투나 역사적 전투 등을 경기장이나 인공호에서 재현했다.

4 고대 로마의 건축과 토목 기술

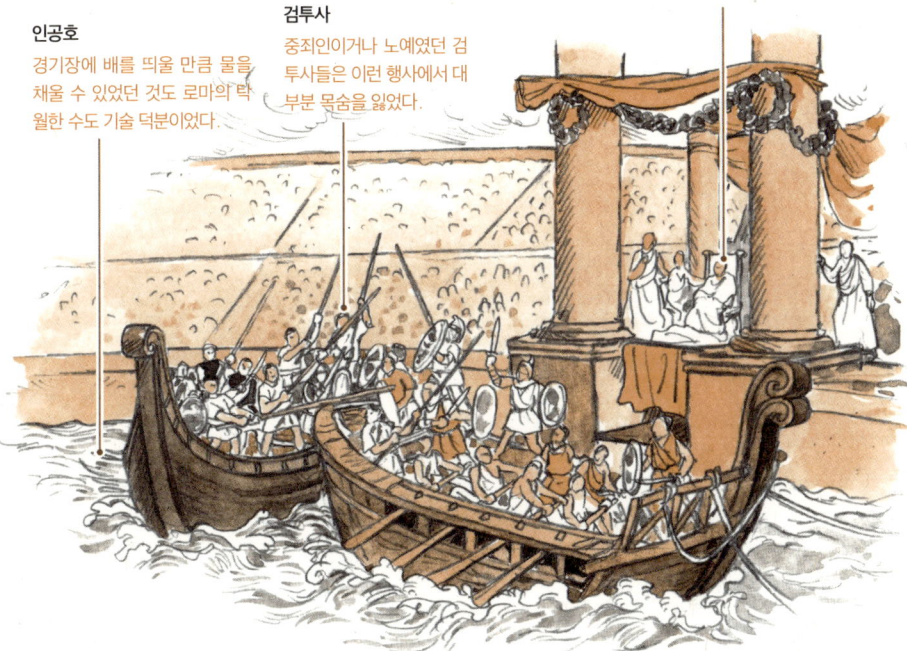

맹수 사냥

사자나 호랑이 같은 맹수를 잡아 검투사와 싸우게 하거나 죄인을 맹수에게 던져 주어 공개 처형하기도 했다.

맹수
초대 황제 아우구스투스의 시대에는 각종 행사에서 죽은 맹수가 3,500마리나 되었다고 한다.

무기는 창 하나
맹수와 싸우는 검투사를 그린 모자이크화. 검투사는 대개 창 하나로 맹수와 싸워야 했다.

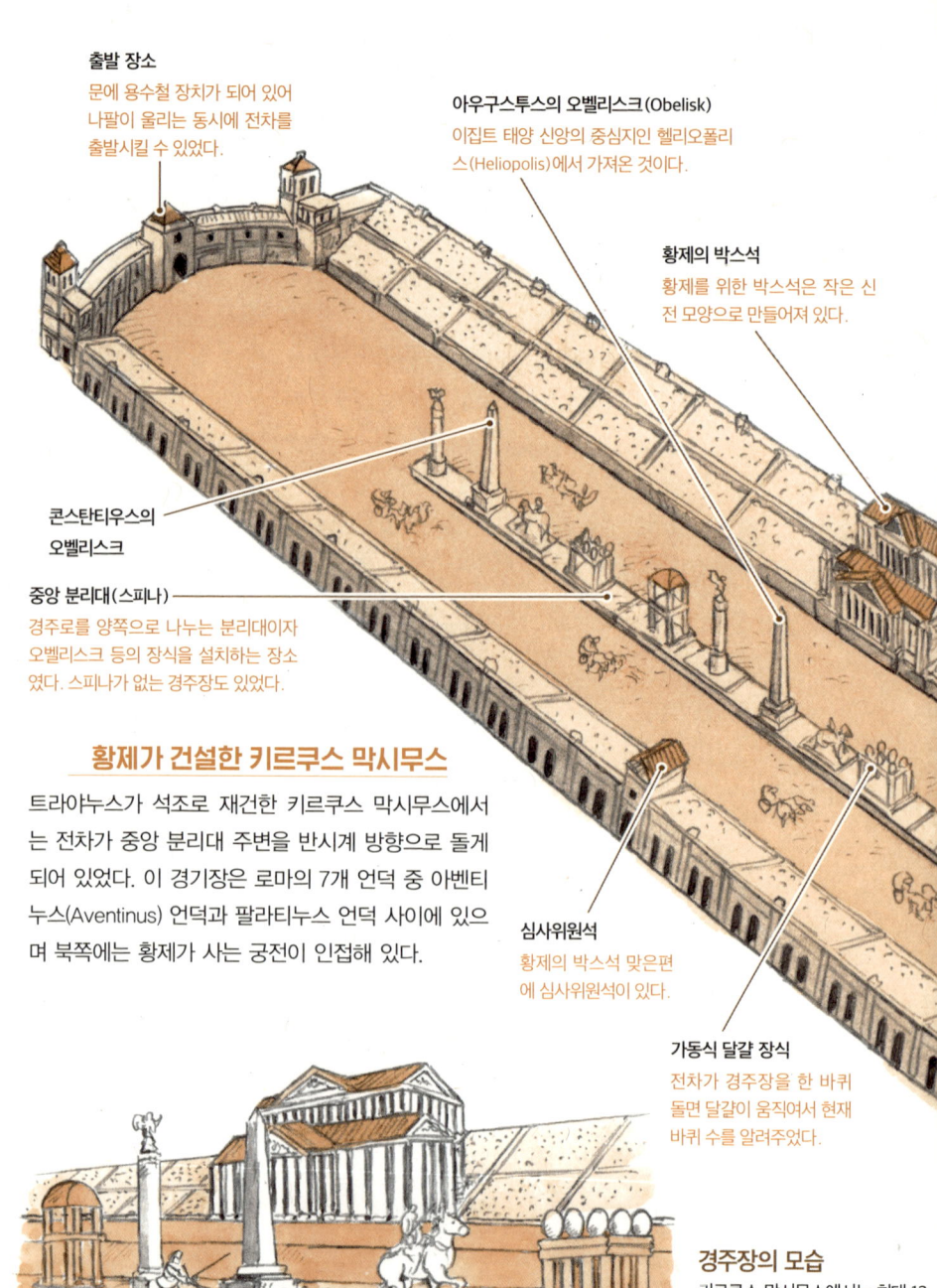

출발 장소
문에 용수철 장치가 되어 있어 나팔이 울리는 동시에 전차를 출발시킬 수 있었다.

아우구스투스의 오벨리스크(Obelisk)
이집트 태양 신앙의 중심지인 헬리오폴리스(Heliopolis)에서 가져온 것이다.

황제의 박스석
황제를 위한 박스석은 작은 신전 모양으로 만들어져 있다.

콘스탄티우스의 오벨리스크

중앙 분리대(스피나)
경주로를 양쪽으로 나누는 분리대이자 오벨리스크 등의 장식을 설치하는 장소였다. 스피나가 없는 경주장도 있었다.

황제가 건설한 키르쿠스 막시무스

트라야누스가 석조로 재건한 키르쿠스 막시무스에서는 전차가 중앙 분리대 주변을 반시계 방향으로 돌게 되어 있었다. 이 경기장은 로마의 7개 언덕 중 아벤티누스(Aventinus) 언덕과 팔라티누스 언덕 사이에 있으며 북쪽에는 황제가 사는 궁전이 인접해 있다.

심사위원석
황제의 박스석 맞은편에 심사위원석이 있다.

가동식 달걀 장식
전차가 경주장을 한 바퀴 돌면 달걀이 움직여서 현재 바퀴 수를 알려주었다.

경주장의 모습
키르쿠스 막시무스에서는 최대 12대의 전차가 한꺼번에 달릴 수 있었다. 전차끼리 충돌하는 사고는 다반사였다고 한다.

과격한 전차 경주가 인기를 끌었던
전차 경기장, 키르쿠스 막시무스

검투사의 싸움만큼이나 로마인이 몰두했던 오락이 말이 끄는 전차를 활용한 전차 경주였다. 그 역사는 아주 오래되어 이미 기원전 6세기에 로마 시내에 대형 경기장 키르쿠스 막시무스(Circus Maximus)가 건설될 정도였다.

그 후 카이사르, 아우구스투스, 트라야누스, 콘스탄티우스 2세 등 역대 황제들이 이 경주장을 거듭 개축하고 재건한 결과 트라야누스 시대에는 길이 600m, 평균 폭 200m의 거대한 경주장이 탄생했다. 수용 인원은 30만 명으로 추정되는데 이것은 로마 시민의 3분의 1에 해당하는 어마어마한 인원이다.

스피나(Spina)로 불리는 석조 중앙 분리대에는 기념비와 조각상 등 장식 외에도 전차 바퀴 수를 세는 장치인 돌고래 상 7개와 달걀처럼 생긴 가동식 장식 7개가 설치되어 있었다.

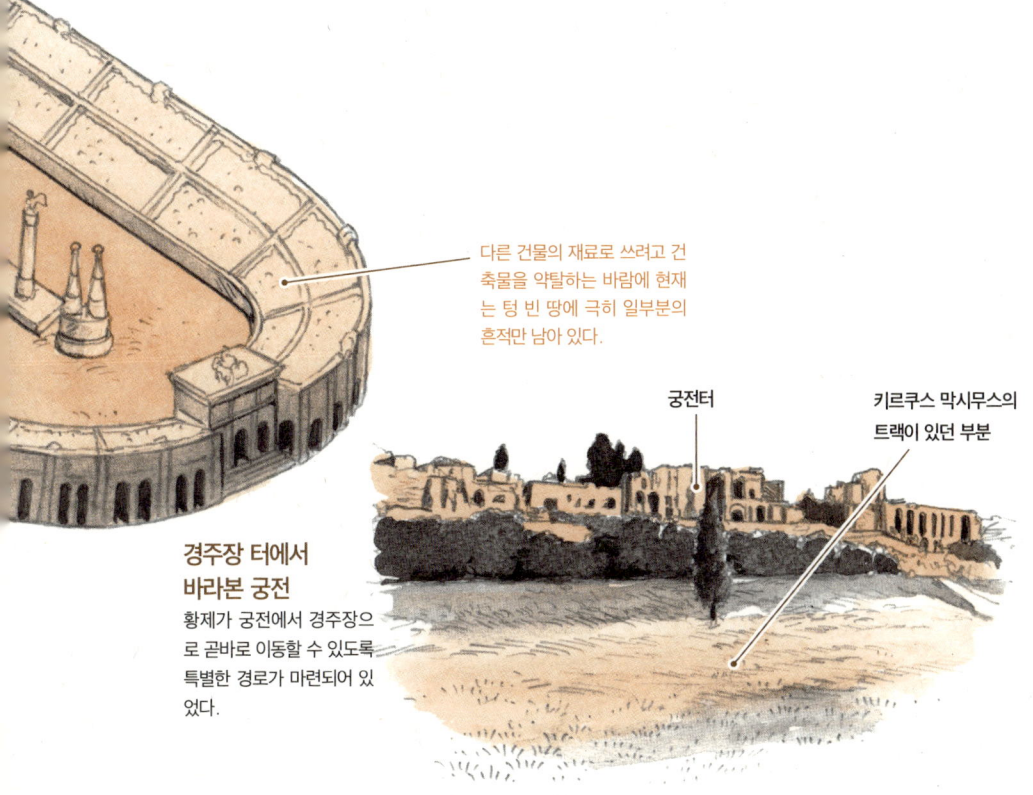

다른 건물의 재료로 쓰려고 건축물을 약탈하는 바람에 현재는 텅 빈 땅에 극히 일부의 흔적만 남아 있다.

궁전터

키르쿠스 막시무스의 트랙이 있던 부분

경주장 터에서 바라본 궁전
황제가 궁전에서 경주장으로 곧바로 이동할 수 있도록 특별한 경로가 마련되어 있었다.

격렬한 고대 전차 경주

현재의 자동차 레이스와 마찬가지로 전차를 조종하는 기사들은 백색팀, 적색팀, 청색팀, 녹색팀 중 하나에 소속되었고 팀마다 조교, 코치, 편자공[1] 등이 있었다. 승자는 보상금과 금관, 장신구 등을 받기 위해 전속력으로 달렸으며 관전하는 사람들도 흥분하여 어떤 팀이 우승할지 내기하면서 경기를 즐겼다.

기사
투구 쓴 사람이 기사다. 전차 기사는 노예 출신이거나 사회적 지위가 낮은 사람이었다.

콰드리가
주로 4두 마차, 즉 콰드리가(Quadriga)를 몰았으나 가끔 2두 마차, 8두 마차를 쓰기도 했다. 콰드리가는 불안정해서 일반적으로는 위험하게 여겨졌지만 경주에는 안성맞춤이었다.

전차 경주를 그린 모자이크화
3세기 로마의 모자이크화. 중앙의 두 마리만 전차에 연결되어 있고 양 끝의 두 마리는 그물에 걸쳐져 있을 뿐이다. 그물을 허리에 감은 기사들은 사고가 나면 칼로 그물을 끊고 전차에서 뛰어내려야 했다.

부조로 새겨진 경기 장면
열광하는 사람들과 열정적인 경기를 펼치는 기사를 묘사한 4세기의 부조. 비슷한 전차 경주가 로마 시내뿐 아니라 각지의 속주에서도 열렸다.

1. 말굽에 붙이는 쇳조각인 편자를 수리하고 교체하는 사람. 편자는 말의 신발 같은 도구로 말굽을 보호하는 역할을 한다.

몸을 움직여 땀 흘리기를 좋아했던 고대 로마인

로마인은 전차 경주 외에 몸을 쓰는 운동 경기도 좋아했다. 운동이 건강에 꼭 필요하다고 믿었기 때문이다. 그래서 공중목욕장에 부설된 운동장에서 경기를 관람하거나 경기에 직접 참여하여 땀을 흘렸다.

이상적인 육체의 아름다움
로마인은 잘 단련된 그리스인의 육체를 최고로 아름답게 여겼다. 기원전 100년경에 만들어진 이 조각도 그리스의 조각을 본뜬 것인데 머리만 로마인으로 바꿔 놓은 것에서 그리스인에 대한 동경을 엿볼 수 있다.

목욕장 레슬링
공중목욕장에서는 탕에 들어가기 전에 레슬링으로 땀을 내기도 했다. 레슬링은 기원전 5000년부터 존재한 스포츠로 고대 그리스에서도 인기를 끌었고 로마인에게도 사랑받았다.

모자이크화에 그려진 권투
3세기경의 모자이크화. 권투는 당시 인기 스포츠여서 대회도 열렸다. 그러나 잔인성 때문에 4세기경에 금지되었고 서로마 제국 멸망 이후 명맥이 끊겼다.

운동 경기에 쓰인 도미티아누스 경기장
도미티아누스 황제가 통치하던 86년에 완공된 경기장으로 긴 변의 길이가 275m나 된다. 전차 경주나 투창 경기 등이 주로 열렸는데 황제도 이런 운동 경기에 열중했다고 한다.

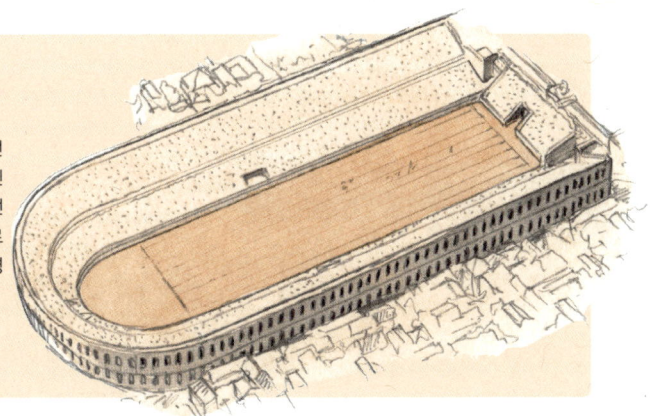

시민의 사랑을 독차지한 대중 오락의 현장
극장

고대 로마인은 다양한 삶의 영역에서 고대 그리스인의 영향을 받았는데 연극도 그중 하나였다. 그래서 광대한 제국이었던 로마의 거의 모든 도시에 극장이 있었고 사람들 대부분이 대중 오락으로 연극을 즐겼다. 다만 그리스인이 그리스 비극처럼 서사적인 연극을 좋아한 것과 달리 로마인은 팬터마임(Pantomime)처럼 가볍게 웃고 즐길 수 있는 연극을 좋아했다.

그런데 의외로 공화정 말기까지는 로마 시내에 상설 극장이 없었고 상연할 때마다 가설극장이 설치되었다. 원로원 보수파가 연극을 저속한 문화로 여겼기 때문이다. 그런 중에 아우구스투스 황제는 기원전 13년에 마르켈루스(Marcellus) 극장을 건설했다. 이것이 로마 시내에 현존하는 극장 중 가장 오래된 극장이다.

무대를 장식한 배우들

극장은 서민의 쉼터였지만 연극 중에 간혹 상스럽거나 사회 풍자적인 것도 있어서 나라에서 상연을 금지하기도 했다. 그래도 관람료가 무료여서 신분에 상관없이 다양한 사람이 연극을 즐길 수 있었다.

가면
배우는 무대에 오를 때 눈과 입이 뚫린 가면을 썼다.

인기 배우
배우는 거의 해방 노예나 외국인이었다. 사회적 신분이 낮았으나 인기를 얻으면 많은 팬을 거느릴 수 있었다.

눈부시게 아름다운 마르켈루스 극장

아우구스투스가 사위 고(故) 마르켈루스를 기리기 위해 지은 극장이다. 건물 전체를 흰색 트래버틴 석회암으로 뒤덮고 콘크리트로 소음을 차단해 객석에 배우의 소리가 잘 울려퍼졌을 것이다. 게다가 2,000년 이상이 지난 지금도 일부분이 주거 시설로 이용되니 당시의 건축 기술이 놀라울 따름이다.

수용 인원
높이 32m, 지름 130m로 약 1만 명을 수용할 수 있었다.

콜로세움보다 오래된 건물
기원전 13년에 건설되었으므로 콜로세움보다 오래되었다. 따라서 주변에 마을이 있었고 다른 극장, 신전도 많았다.

반원형 3층 건물
3층 건물로 반원형이라서 특이하다. 주로 연극을 상연했지만 집회도 열렸으며 중세 이후 귀족의 요새로도 쓰였다.

아치와 원기둥
측면은 아치 41개와 원기둥으로 장식되어 있다.

이오니아식 원기둥

도리스식 원기둥

무대 단면도
관객석은 경사져 있으며 앞으로 갈수록 신분이 높은 사람이 앉게 되어 있다.

무대
직사각형의 무대도 원기둥과 조각으로 장식되어 있다.

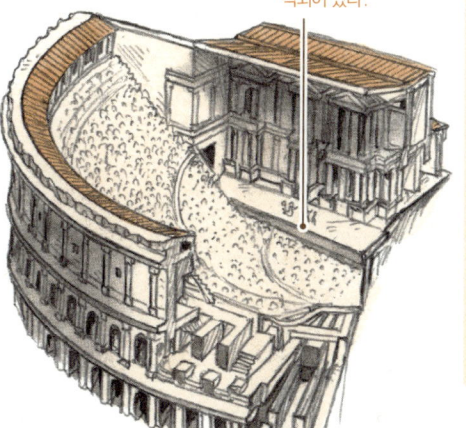

로마 희극의 수준을 높인 테렌티우스

테렌티우스(Publius Terentius Afer)는 기원전 2세기에 활약한 희극 작가다. 원래 북아프리카 출신 노예였으나 주인이 탁월한 글재주를 알아본 덕분에 고등 교육을 받을 수 있었다. 그리고 마침내 주인의 이름을 받아 자유를 얻고 작가가 되었다. 《안드로스에서 온 처녀(Andria)》, 《계모(Hecyra)》, 《자학자(Heauton Timorumenos)》, 《환관(Eunuchus)》, 《포르미오(Phormio)》, 《형제(Adelphoe)》 등 여섯 작품과 '나는 인간이라서 인간에 관한 일이라면 무엇이든 남의 일로는 여기지 않는다' 등의 명언을 남겼다.

> 4
> 고대 로마의 건축과 토목 기술

도시를 윤택하게 한 탁월한 건축 기술
수도교

공중목욕장만 보아도 알 수 있듯 로마인에게는 많은 양의 생활용수가 필요했다. 처음에는 로마 근교의 테베레강을 수원으로 이용했으나 인구가 늘자 물 부족이 점점 심각해졌다. 이에 멀리에서 물을 끌어오는 수도가 설치되었다. 로마인은 기원전 312년에 아피우스 수도를 완공한 이래 각지에 수도를 차례차례 정비하기 시작했다.

이들은 산골짜기에 거대한 수도교를 만들기도 했다. 그중에서도 유명한 것이 프랑스 님(Nimes)에 있는 퐁뒤가르(Pont du Gard)[1]다. 석조의 아치가 나란히 늘어선 이 아름다운 수도교는 로마 제국의 영광을 보여준다.

그러나 로마인은 상수도를 공들여 정비한 것과는 대조적으로 하수 처리에는 큰 관심이 없었다. 그래서 화장실에서 사용된 오수가 하수관을 통해 테베레강에 그대로 흘러들었고 이로 인한 전염병이 끊이지 않았다. 당시 로마 시민의 사망률이 높았던 것도 이 때문일 것으로 추측된다.

님으로 물을 보낸 퐁뒤가르 수도교

수원인 유제스(Uzès)에서 당시 로마 제국의 식민시였던 님으로 이어지는 수도의 일부로 아우구스투스 황제의 심복인 아그리파가 건설했다. 특히 가르(Gard)강 위의 이 수도교는 로마의 수도 중 가장 유명하다. 로마는 이 269m짜리 다리와 52km에 달하는 수도 전체를 단 5년 만에 완공했다고 한다.

동원한 인원
불과 5년 만에 완공된 퐁뒤가르. 이 수도교 공사에 동원된 인원만 1,000명 이상이라고 한다.

최상층 중앙
최상층의 빈 곳으로 물이 흘러내리는 구조다.

상수도
수원과 님의 고저 차는 17m. 로마인은 이 미미한 차를 이용해 상수도를 완성했다.

가르강
프랑스 남부를 흐르는 강으로 가르동(Gardon)강이라고도 한다. 퐁뒤가르는 하류에서도 수압이 비교적 약한 르물랑(Remoulins)이라는 곳에 있다.

수도교의 구조

수원에서 도시로 물을 보내려면 처음부터 끝까지 경사를 유지하여 물이 높은 곳에서 낮은 곳으로 계속 흐르게 해야 했다. 그래서 퐁뒤가르도 1km에 걸쳐 34cm라는 미미한 경사가 유지되었다. 수도는 대부분 지하에 묻혀 있고 표면은 콘크리트로 방수 처리되어 있다.

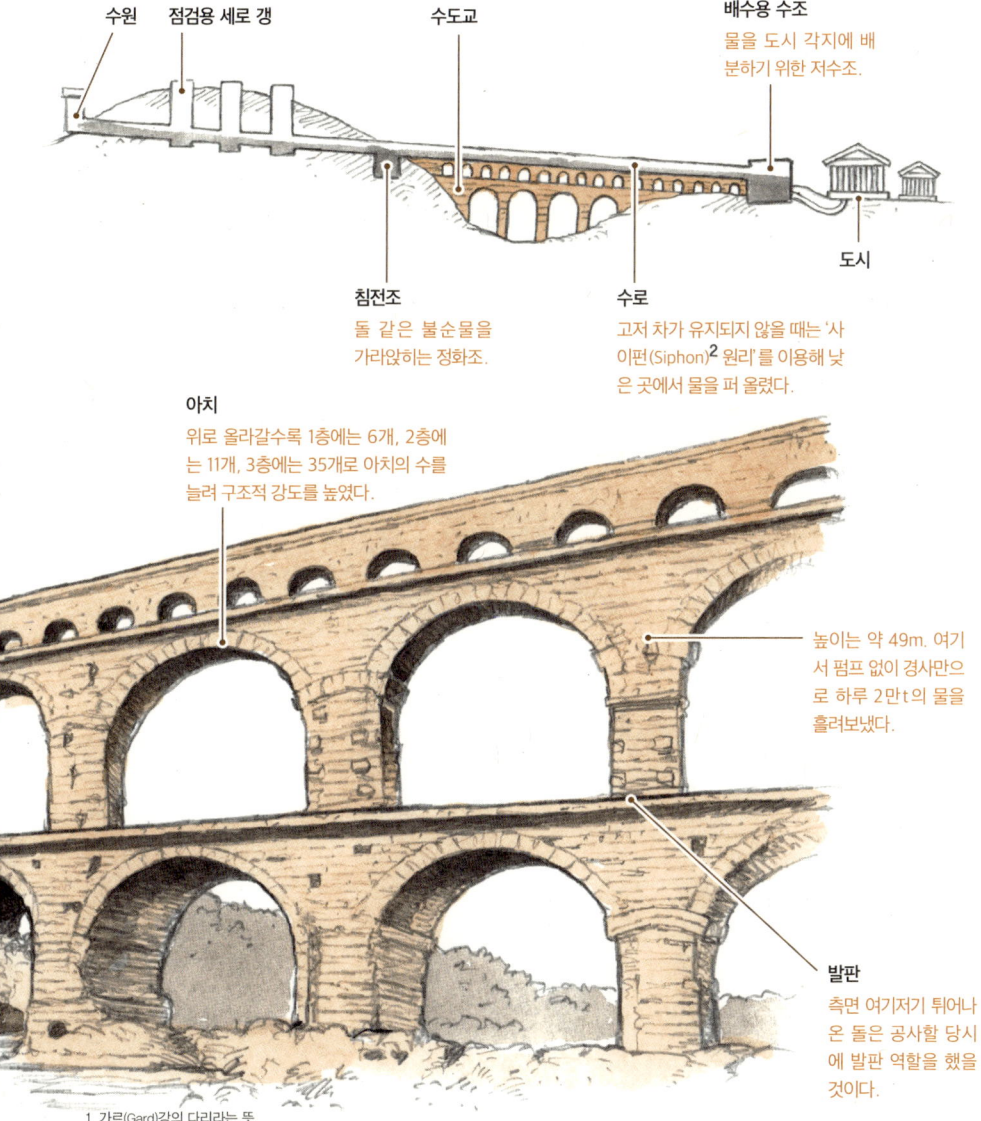

수원

점검용 세로 갱

수도교

배수용 수조
물을 도시 각지에 배분하기 위한 저수조.

도시

침전조
돌 같은 불순물을 가라앉히는 정화조.

수로
고저 차가 유지되지 않을 때는 '사이펀(Siphon)[2] 원리'를 이용해 낮은 곳에서 물을 퍼 올렸다.

아치
위로 올라갈수록 1층에는 6개, 2층에는 11개, 3층에는 35개로 아치의 수를 늘려 구조적 강도를 높였다.

높이는 약 49m. 여기서 펌프 없이 경사만으로 하루 2만t의 물을 흘려보냈다.

발판
측면 여기저기 튀어나온 돌은 공사할 당시에 발판 역할을 했을 것이다.

1. 가르(Gard)강의 다리라는 뜻.
2. 한 다리는 길고 한 다리는 짧은 'U'자 모양의 굽은 관. 대기의 압력을 이용하여 높은 곳에 있는 액체를 낮은 곳으로 옮기는 데 쓴다.

수도교는 어떻게 만들어졌을까?

수도교가 완공되기까지 수많은 장인이 오랫동안 땀 흘리며 능력을 발휘했다. 아치 하나만 세우려 해도 물 흐름을 견딜 수 있는 튼튼한 토대가 필요하기 때문이다. 장인들은 인력으로 움직이는 목제 기중기를 활용하여 높은 곳에 돌을 쌓고 콘크리트를 부어 튼튼한 다리를 완성했다.

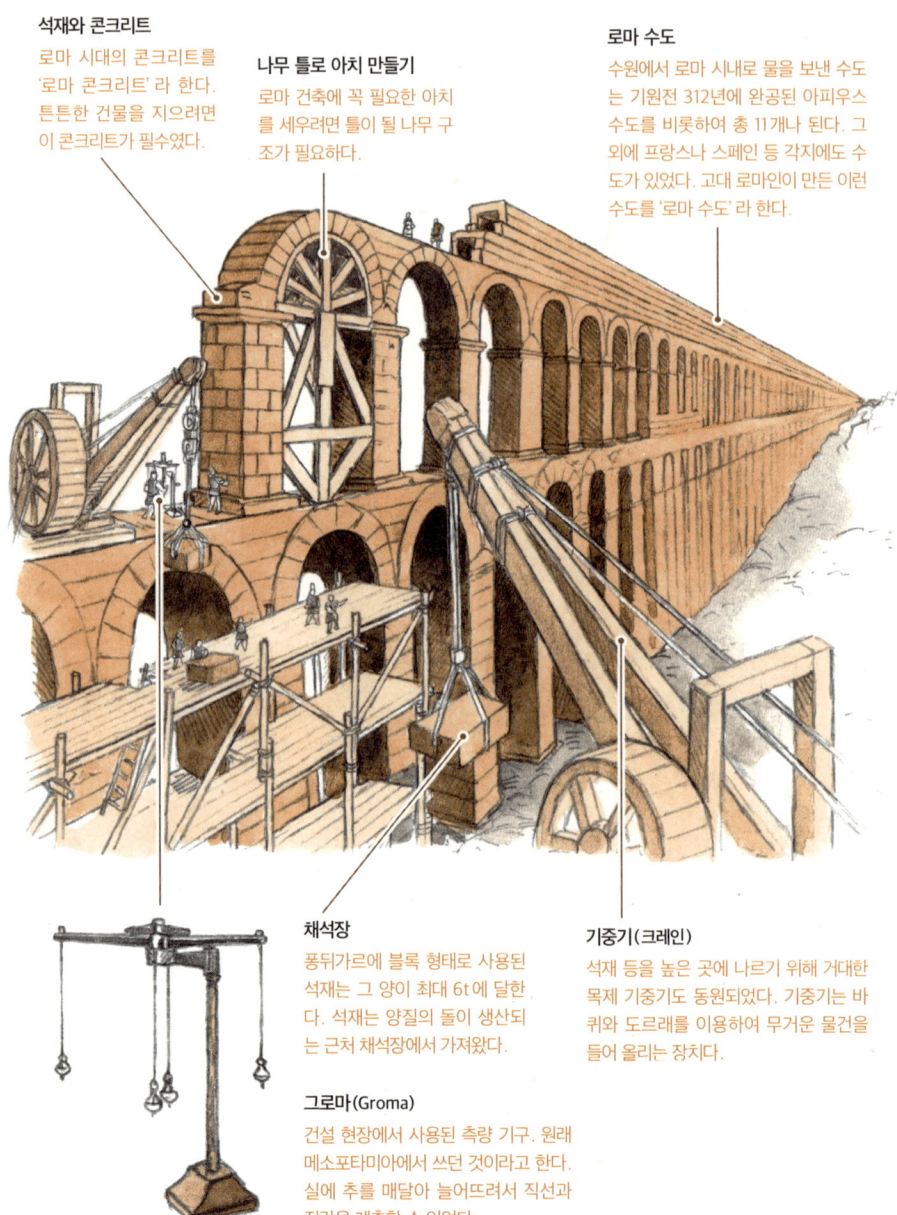

석재와 콘크리트
로마 시대의 콘크리트를 '로마 콘크리트'라 한다. 튼튼한 건물을 지으려면 이 콘크리트가 필수였다.

나무 틀로 아치 만들기
로마 건축에 꼭 필요한 아치를 세우려면 틀이 될 나무 구조가 필요하다.

로마 수도
수원에서 로마 시내로 물을 보낸 수도는 기원전 312년에 완공된 아피우스 수도를 비롯하여 총 11개나 된다. 그 외에 프랑스나 스페인 등 각지에도 수도가 있었다. 고대 로마인이 만든 이런 수도를 '로마 수도'라 한다.

채석장
퐁뒤가르에 블록 형태로 사용된 석재는 그 양이 최대 6t에 달한다. 석재는 양질의 돌이 생산되는 근처 채석장에서 가져왔다.

기중기(크레인)
석재 등을 높은 곳에 나르기 위해 거대한 목제 기중기도 동원되었다. 기중기는 바퀴와 도르래를 이용하여 무거운 물건을 들어 올리는 장치다.

그로마(Groma)
건설 현장에서 사용된 측량 기구. 원래 메소포타미아에서 쓰던 것이라고 한다. 실에 추를 매달아 늘어뜨려서 직선과 직각을 계측할 수 있었다.

상수도가 발달한 고대 로마

로마인은 수도를 통해 도달한 물을 공중목욕장, 분수, 정원, 공유 음수대 등에서 사용했다. 몇몇 부유층 저택에서는 수돗물을 직접 끌어다 쓰기도 했지만 대부분은 마을의 공용 수도에서 생활용수를 확보했다.

손잡이
손잡이를 돌려서 관에 뚫린 구멍을 여닫을 수 있는 구조다.

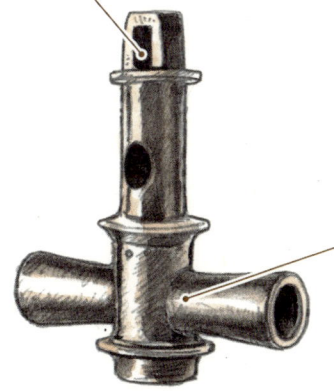

수도꼭지
로마에는 꼭지가 달린 수도도 많았다. 수도꼭지는 녹이 잘 슬지 않는 납이나 청동으로 만들어졌다.

시내의 수도
시내에 사는 사람 대부분이 이용했던 공유 음수대. 배수구 덮개에 다양한 의장이 부조로 새겨져 있다.

트레비(Trevi) 샘
뒤돌아서서 샘에 동전을 던져 넣으면 로마에 다시 오게 된다는 이야기가 있는 유명 관광지. 원래는 로마 수도의 종착점 중 하나로, 아우구스투스 황제가 만든 인공 샘이었다.

바로크(Baroque) 건축
건물은 후세에 지어진 것으로 바로크 건축을 대표하는 작품이다.

넵투누스(Neptunus) 상
샘 중앙에는 로마 신화에 등장하는 바다의 신 넵투누스 상이, 왼쪽에는 케레스(Ceres) 여신상이, 오른쪽에는 살루스(Salus) 여신상이 있다.

비르고(Virgo) 수도
로마의 수도 중 지금까지도 기능하는 비르고 수도에서 물을 끌어온다.

신분에 상관없이 많은 사람이 이용한
공중목욕장

고대 로마인의 생활에는 입욕이 필수적이었다. 그러나 일반적인 집에는 욕실이 없었으므로 시민들은 가까운 공중목욕장을 이용했다. 대형 목욕장은 '테르마이(Thermae)', 작은 목욕장은 '바르네아(Balnea)'로 불렸다. 여기에는 입욕실 외에도 체육관이나 도서관 등 다양한 시설이 병설되었으며 입욕 시설은 주로 냉욕실(프리기다리움, Frgidarium), 온욕실(테피다리움, Tepidarium), 열욕실(칼다리움, Caldarium)로 나뉘었다. 로마 시민은 오후 시간 대부분을 여기서 보냈다고 한다.

이런 복합 시설을 지으려면 콘크리트를 활용하는 기술이 필요했다. 로마 콘크리트가 발명된 기원전 2세기에 최초의 공중목욕장이 지어졌고 그 후 역대의 모든 황제가 목욕장 건설을 명령했다. 신분에 상관없이 로마인 대부분이 공중목욕장에서 땀을 흘린 것이다.

열욕실의 구조

욕실 중에서 특히 뜨거운 탕이 있는 곳을 '열욕실'이라 한다. 여기서는 관을 통해 분수로 뿜어져 나온 뜨거운 물로 욕조를 채웠다. 물을 끓일 때 발생한 증기는 이중 구조로 된 바닥과 벽 사이를 가득 채워 외부에서 욕실을 데웠다. 이런 바닥 및 벽 난방 장치를 하이포코스툼(Hypocaustum)[1]이라 한다.

열욕실
열욕실에는 항상 증기가 가득했으므로 때로는 바닥과 의자가 상당히 뜨거웠다.

물 끓이기
물을 뜨겁게 끓이려면 대량의 연료와 물, 그리고 보일러를 관리하는 노예가 필요했으므로 공중목욕장은 가성비가 매우 낮았다. 이런 시설을 운영할 여력이 부족했던 제국 말기부터 목욕장 문화가 쇠퇴했다.

1. 한국의 온돌과 똑같은 원리다.

오락 시설이었던 공중목욕장

공중목욕장은 내부에 정원, 미술관, 집회소, 식당, 매음굴 등 다양한 시설이 병설된 종합 오락 시설이었다. 뿐만 아니라 항상 많은 사람이 모이는 사교장이기도 했다.

수영장
나타티오(Natatio)라고 불린 냉수탕. 수영할 수 있을 만큼 깊어서 아이들이 부모를 기다리며 놀기도 했다.

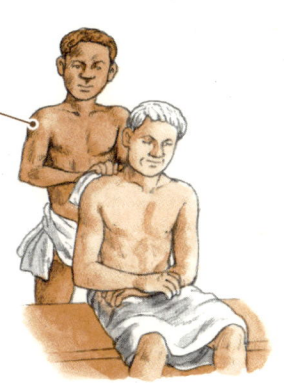

때밀이
노예가 주인의 때를 미는 광경을 흔히 볼 수 있었다. 때밀이용 도구도 있었다.

사교장
사람이 많이 모이는 목욕장은 친교를 쌓거나 사업 이야기를 나누기에 적합했다. 그래서 집에 개인 욕실이 있는 황제와 귀족도 대중탕에 자주 출입했다.

로만 바스 (로마의 목욕장)
영국의 온천 지역 바스(Bath)는 로마 시대에 공중목욕장 덕분에 번영했다. 여기에는 지금도 테르마이 유적이 남아 있다.

로마인과 목욕
로마인이 목욕을 좋아하게 된 것은 베수비오 화산 근교의 온천에서 병을 치료했던 문화를 이어받았기 때문일 것이다. 로마인은 건강을 위해 입욕을 빠뜨리지 않았다.

제국 각지에 건설된 목욕장
로마인은 입욕을 워낙 좋아해서 정복지에도 목욕장을 많이 지었다. 그래서 영국의 바스, 리비아의 사브라타(Sabratha), 독일의 트리어, 불가리아의 바르나(Varna) 등에 로마 목욕장 유적이 남아 있다.

'입욕은 몸에 좋다'
리비아의 로마 유적에서 발견된 모자이크. 'SALVOM LAVISSE(입욕은 몸에 좋다)'라고 쓰여 있다.

시민을 치유한 카라칼라 욕장

네로, 트라야누스 등 로마의 역대 황제가 대중을 위한 공중목욕장을 건설했는데 그중에서도 카라칼라 황제가 216년에 건설한 카라칼라 욕장이 유명하다. 당시에 냉욕실, 온욕실, 열욕실 등 입욕 시설은 물론 부지 내의 오락 시설까지 사람으로 늘 붐볐던 이곳은 이제 목욕장으로서만이 아니라 로마 제국을 대표하는 건축물로 평가받고 있다. 자연 채광을 위한 넓은 창과 아치형 천장, 거대 돔 등 당시 건축 기술의 핵심이 집약되어 있기 때문이다.

고대 목욕장 터에서 발굴된 라오콘 상

그리스 신화에 등장하는 라오콘(Laokoon) 사제의 조각상. 지금은 고대 로마를 대표하는 예술 작품으로 바티칸 미술관에 소장되어 있다. 트라야누스 욕장 터에서 발굴되었는데 실제로 목욕장 장식으로 쓰였는지는 알 수 없지만 이런 조각 작품이 있어도 이상하지 않을 만큼 제국 전성기의 대목욕장은 아름다웠다.

카라칼라 욕장의 구조

카라칼라 욕장은 총면적이 약 11만 m²에 달하는 거대한 시설이다. 입욕실 구역의 입구이기도 한 중앙의 냉욕실을 통해 각 입욕실로 들어갈 수 있다. 원통형으로 튀어나온 부분은 열욕실인데 그 위의 돔은 지름이 35m이며 높이도 신전 건축의 대표인 판테온(Pantheon →109쪽)의 돔보다 높았다. 사람들은 욕실 구역 바깥에 있는 정원, 경기장, 체육장에서 운동으로 땀을 뺀 다음 입욕실을 차례로 돌았다.

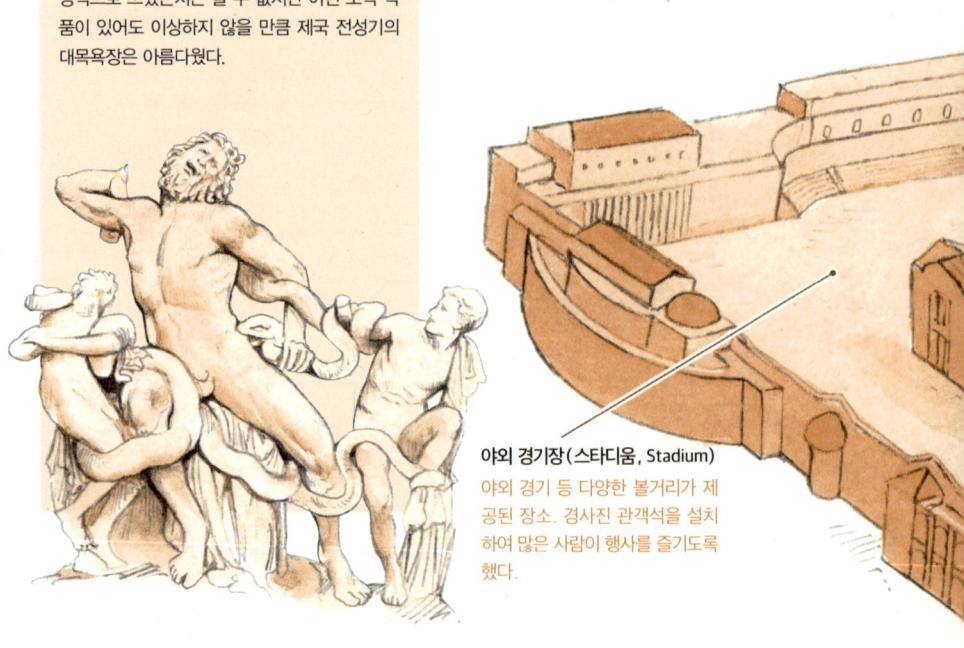

야외 경기장(스타디움, Stadium)
야외 경기 등 다양한 볼거리가 제공된 장소. 경사진 관객석을 설치하여 많은 사람이 행사를 즐기도록 했다.

'빛의 공간'으로 불린 냉욕실

카라칼라 욕장의 핵심 공간은 냉욕실이다. 모자이크 바닥, 대리석 벽, 모자이크와 회반죽 그림이 가득한 천장까지 모든 것이 호화찬란해서 사람들은 이곳을 '빛의 공간'이라 불렀다. 당시 건축가들도 '이런 공간은 두 번 다시 만들 수 없다'라며 예술성과 실용성을 겸비한 이 건축물을 칭송했다.

저수조
목욕장에 대량의 물이 필요했으므로 물을 800만t이나 저장할 수 있는 저수조를 두었다. 그런데도 물이 모자라 전용 수로를 따로 설치했다.

열욕실
당시 비누는 비싸서 널리 쓰이지 않았다. 사람들 대부분은 비누 대신 기름을 피부에 바르고 스트리질(Strigil)이라는 금속 막대로 때를 밀었다.

집회장
공중목욕장은 땀도 흘리고 사람들을 만나 교류도 하는 소중한 장소였다.

광대한 부지
카라칼라 목욕장은 부지가 460×460m로 매우 넓었다. 목욕탕 구역만 해도 214×110m였으니 그 규모가 짐작이 간다.

수영장
부모가 열욕실 등에 들어가 있는 동안 부모를 따라온 아이들이 이곳에서 놀았다.

냉욕실
몸을 식히는 욕실. 운동하거나 더운물에 입욕하면서 뜨거워진 몸을 식힐 수 있었다.

체육관(팔레스트라, Palestra)
실내에서 운동할 수 있는 공간. 로마인은 남녀 모두 몸을 열심히 단련했다.

4 고대 로마의 건축과 토목 기술

신들을 향한 경외심과 깊은 신앙심이 드러나는
신전

그리스도교가 국교로 공인되기 전 로마는 다양한 신을 믿는 다신교 국가였다 (→146쪽). 사람들은 하늘의 신 유피테르(Jupiter) 등 그리스 신화에 등장한 신뿐만 아니라 각 속주에서 유입된 토착 신들도 믿었다. 죽은 황제를 신격화하기도 했다. 사람들은 신앙심이 두터워 모든 집에 라라리움(Lararium)이라는 작은 감실[1]이 있었고 제사나 점술도 성행했다.

신전은 이런 신들을 만나는 중요한 장소였다. 신전마다 모시는 신이 달랐으므로 로마인은 그때그때 적합한 신이 있는 신전을 찾아가서 기도했다. 역대 황제들도 다양한 신전을 지었으므로 지금까지 신전 유적이 많이 남아 있다.

그중에서도 유명한 것이 125년에 로마에 지어진 판테온이다. 지금은 그리스도교 교회가 되었지만 건물은 당시 모습 그대로다. 신전 건축뿐만 아니라 로마 건축의 최고봉으로 꼽히는 판테온의 장엄한 분위기를 통해 당시 사람들의 독실한 신앙심을 엿볼 수 있다.

카이사르에게 바쳐진 율리우스 신전

이 신전은 고대 로마 시대의 유적이 남아 있는 포룸 로마눔(포로 로마노)에 지어졌다. 아우구스투스 황제가 카이사르를 기리기 위해 지었으므로 '카이사르 신전'으로도 불린다. 로마 시대에 처음 신격화된 인물을 모신 신전이기도 하다.

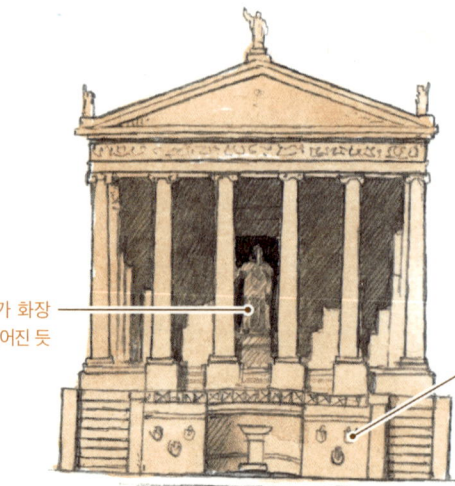

카이사르가 화장된 곳에 지어진 듯하다.

기단에는 아우구스투스가 악티움 해전에서 클레오파트라에게 이겼을 때 끌고 온 적선의 장식이 쓰였다.

1. 상자 모양의 작은 사당.

그리스 건축 기술을 계승한 로마 신전

로마가 긴 역사를 거치는 동안 신전 형태도 시대에 따라 변화했다. 로마시는 처음에 에트루리아의 지배를 받았으므로 건축 양식에도 그 특징이 나타났다. 그리고 머잖아 '그리스풍 문화'를 의미하는 헬레니즘이 유행하자 신전 건물의 외견도 헬레니즘풍으로 변했다.

에트루리아식 신전(기원전 5~4세기)
에트루리아족이 지은 신전의 상상도. 특이한 목제 기둥과 맞배지붕이 이후 로마 건축의 기초가 되었다.

포르투누스(Portunus) 신전(기원전 75년)
현재 로마 시내에 남아 있는 신전이다. 그리스풍 원기둥을 쓰는 등 헬레니즘의 영향이 강하게 드러난다.

고대 로마인의 종교

빈부 귀천에 상관없이 모든 로마인이 신들을 믿었다. 모든 집에 감실이 있었고 마귀 쫓는 부적을 갖고 다니는 사람도 많았다. 정치와 종교가 밀접하여 신관이 고위 관리를 겸임하거나 점술에 의존해 정책을 결정하기도 했다.

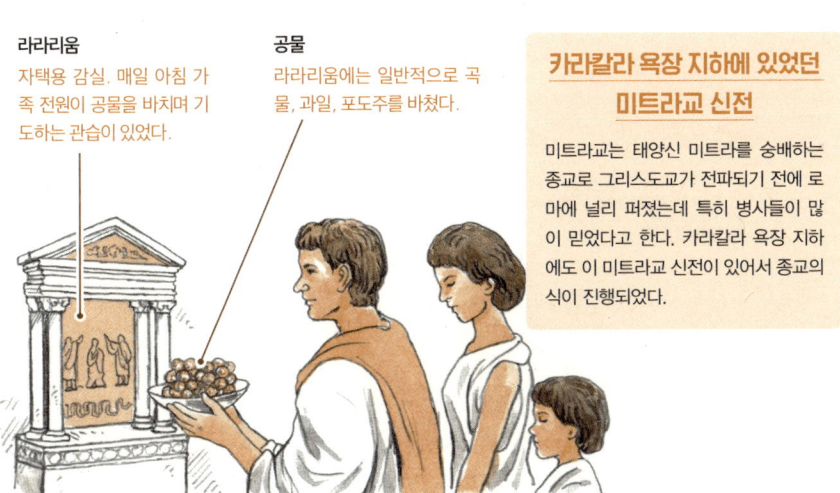

라라리움
자택용 감실. 매일 아침 가족 전원이 공물을 바치며 기도하는 관습이 있었다.

공물
라라리움에는 일반적으로 곡물, 과일, 포도주를 바쳤다.

카라칼라 욕장 지하에 있었던 미트라교 신전

미트라교는 태양신 미트라를 숭배하는 종교로 그리스도교가 전파되기 전에 로마에 널리 퍼졌는데 특히 병사들이 많이 믿었다고 한다. 카라칼라 욕장 지하에도 이 미트라교 신전이 있어서 종교의식이 진행되었다.

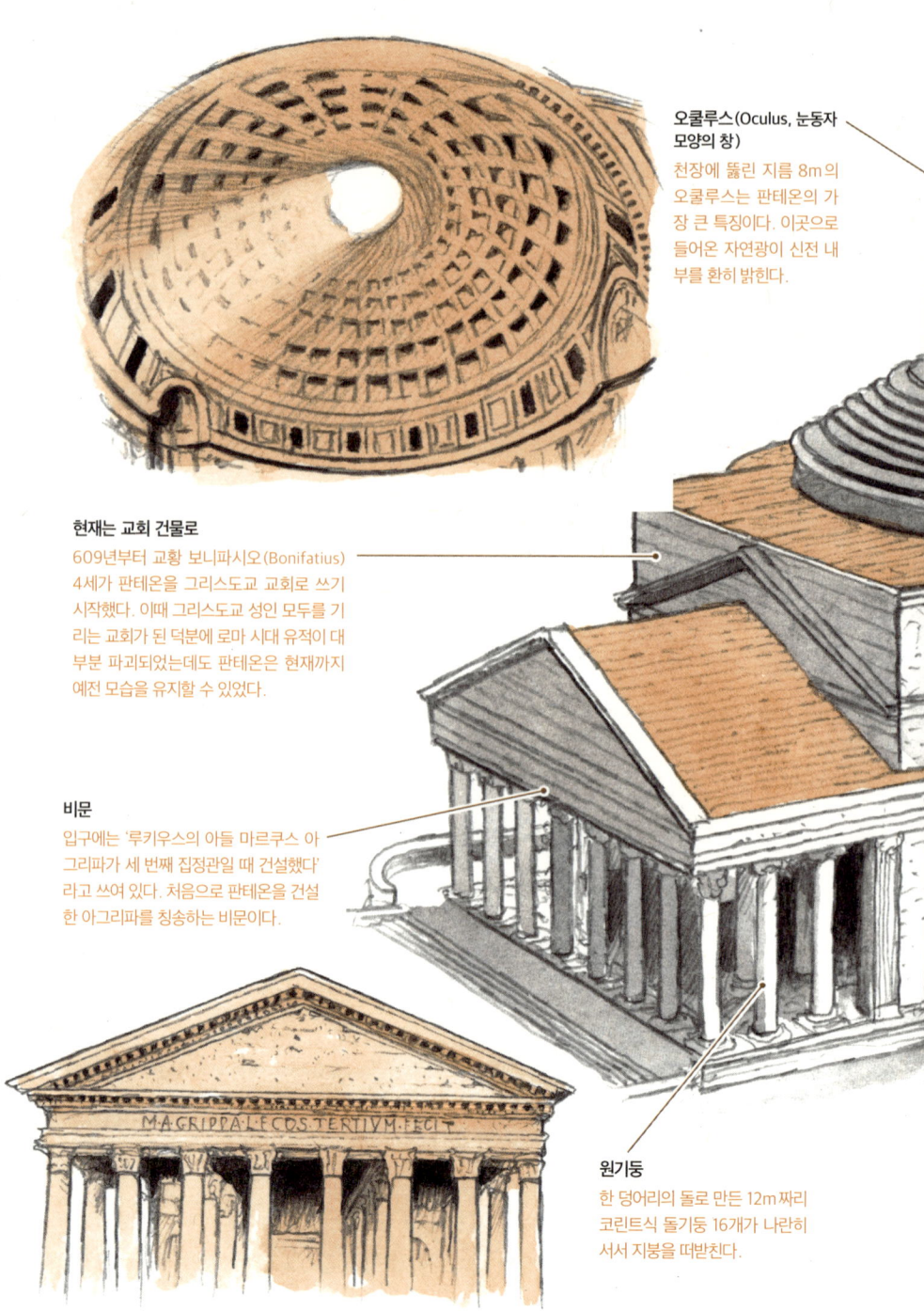

오쿨루스(Oculus, 눈동자 모양의 창)
천장에 뚫린 지름 8m의 오쿨루스는 판테온의 가장 큰 특징이다. 이곳으로 들어온 자연광이 신전 내부를 환히 밝힌다.

현재는 교회 건물로
609년부터 교황 보니파시오(Bonifatius) 4세가 판테온을 그리스도교 교회로 쓰기 시작했다. 이때 그리스도교 성인 모두를 기리는 교회가 된 덕분에 로마 시대 유적이 대부분 파괴되었는데도 판테온은 현재까지 예전 모습을 유지할 수 있었다.

비문
입구에는 '루키우스의 아들 마르쿠스 아그리파가 세 번째 집정관일 때 건설했다'라고 쓰여 있다. 처음으로 판테온을 건설한 아그리파를 칭송하는 비문이다.

원기둥
한 덩어리의 돌로 만든 12m짜리 코린트식 돌기둥 16개가 나란히 서서 지붕을 떠받친다.

판테온의 구조

'판테온'이란 말이 '모든 신들'을 뜻하는 만큼 신을 예배했던 시설일 듯하지만 실제로 어떻게 사용되었는지는 밝혀지지 않았다. 처음의 판테온은 기원전 27년에 아그리파가 건립했으나 80년에 화재로 소실된 후 도미티아누스 황제가 재건하고 하드리아누스 황제가 또 한 번 재건했다. 흰 대리석, 붉은 화강암, 콘크리트로 만들어진 지붕의 기하학 패턴을 안쪽에서 올려다보면 압도당하는 기분이 든다.

쿠폴라 (Cupola)
판테온의 쿠폴라(돔)는 지름이 무려 43m로 건설 이후 1,800년 동안 세계 최대 규모였다.

바둑판무늬
움푹 들어간 패널을 다섯 겹 겹친 구조다. 이런 방법으로 가볍고 강한 쿠폴라를 완성했다.

콘크리트
화산재와 석회, 돌, 벽돌 조각에 물을 섞어 만들었다. 이 콘크리트가 발명된 후 로마에 더 튼튼하고 아름다운 건물이 지어졌다.

바닥
비가 오면 둥근 창으로 빗물이 들어오므로 바닥의 중앙부를 약간 돋워 빗물이 수로로 흘러내리게 했다.

제단
벽면에 있는 8개의 제단에는 로마 신의 신상이 있었을 것이다.

이후 그리스도교 건축에 미친 영향

이 쿠폴라의 형태가 교회 건축까지 이어졌다. 대표적인 예가 피렌체의 산타 마리아 델 피오레(Santa Maria del Fiore) 대성당이다. 이 성당의 완공으로 판테온의 쿠폴라는 세계 최대의 자리를 내주어야 했다.

시민들이 모여든 공공 광장
포룸

테베레강의 풍부한 물을 마음껏 쓸 수 있었던 로마 땅에는 기원전 10세기경부터 사람이 살았다. 그리고 저지대의 물이 거의 빠져나간 기원전 6세기부터 본격적으로 도시가 정비되었다. 그렇게 정비된 곳에 포룸이라는 공공 광장이 조성되었고 그곳을 중심으로 모든 정치, 종교, 사회 활동이 전개되었다.

그중에서도 카피톨리누스 언덕과 팔라티누스 언덕 사이의 땅이 포룸 로마눔으로 불렸다. 왕정, 공화정, 제정으로 시대가 바뀌면서 이곳에는 원로원 의사당, 신전, 황제들의 이름을 딴 포룸 등이 차례차례 들어섰고 매일 많은 사람이 모여들었다. 덕분에 포룸 로마눔에서 티투스 황제의 개선문, 불의 신 베스타의 신전 터, 로마 시대의 바실리카 등 다양한 시대의 유적이 발굴되었다.

아우구스투스 포룸
아우구스투스가 건조한 포룸으로, 건조하는 데 40년이 걸렸다. 군사 원정의 성공과 황제를 찬양하는 장소로서 만들어졌으며, 반신의 영웅 아에네이스와 로마의 건국자 로물루스의 상이 세워져 있었다고 한다.

신전
안쪽에 있는 신전은 군신인 마르스를 모신 것이다. 이는 아우구스투스가 큰삼촌 카이사르의 복수를 완수하기 위해 필리피 전투 이전에 건조했다.

열주랑
포룸 전체는 직사각형 모양이며 화려한 열주랑이 인상적인 구조로 되어 있다. 이는 카이사르의 포룸을 본뜬 것이다.

복장
아우구스투스는 포룸의 품격을 유지하기 위해 방문객들에게 공식 복장인 토가를 착용하도록 했다.

어깨를 나란히 한 황제들의 포룸

오른쪽 광장이 아우구스투스 포룸이고 왼쪽의 큰 광장이 트라야누스 포룸이다. 트라야누스는 다키아 전쟁의 승리를 기념하여 이 광장을 조성하면서 중앙에 자신의 기마상을 두었다.

트라야누스 포룸
황제가 만든 최후의 포룸. 세로 200m, 가로 120m이며 원래 트라야누스 기념 기둥이 있었다.

아우구스투스 포룸

카이사르 포룸
아우구스투스가 자신의 포룸을 만들 때 이곳의 구조를 본떴다고 한다. 옆에 베누스(Venus) 신전이 있다.

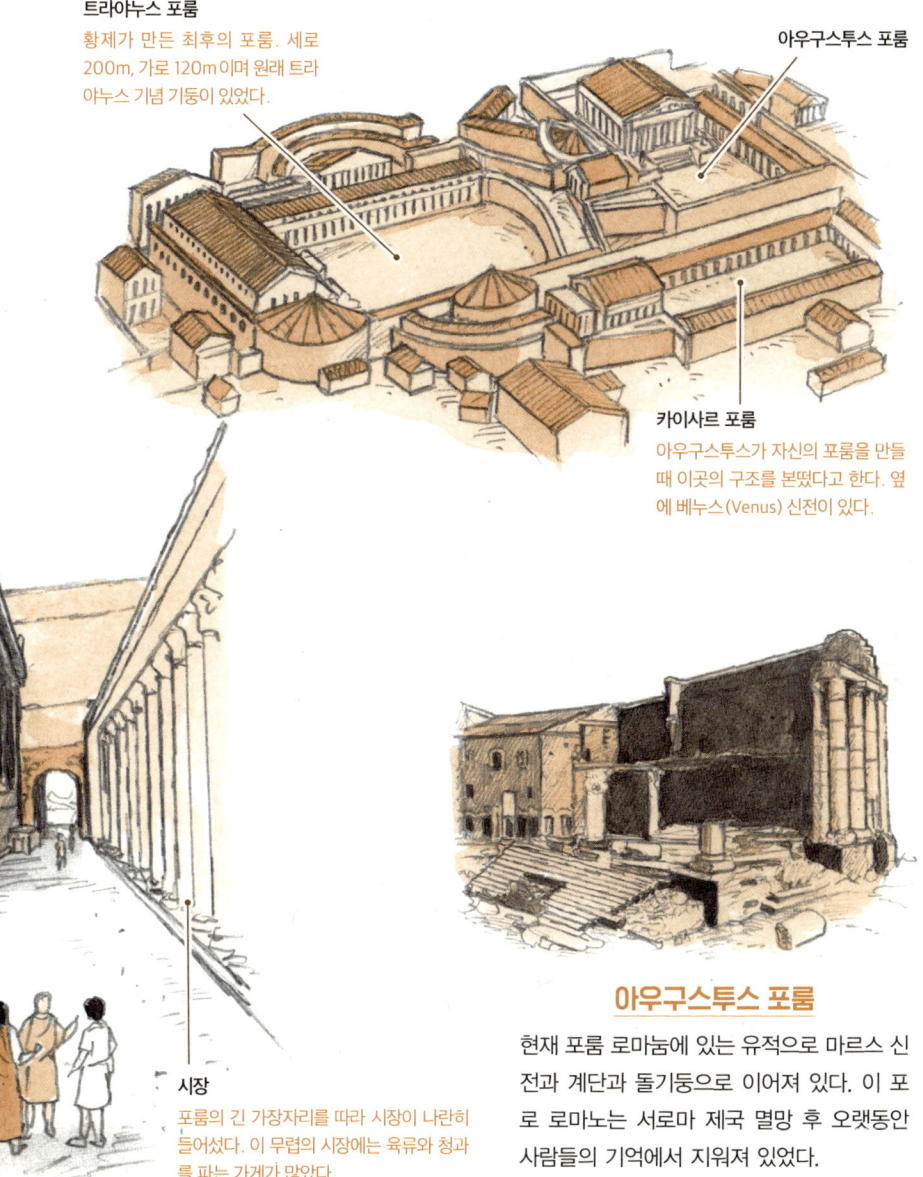

시장
포룸의 긴 가장자리를 따라 시장이 나란히 들어섰다. 이 무렵의 시장에는 육류와 청과를 파는 가게가 많았다.

아우구스투스 포룸

현재 포룸 로마눔에 있는 유적으로 마르스 신전과 계단과 돌기둥으로 이어져 있다. 이 포로 로마노는 서로마 제국 멸망 후 오랫동안 사람들의 기억에서 지워져 있었다.

4 고대 로마의 건축과 토목 기술

당대 최고의 권력자가 건설한 권위의 상징
황제의 궁전

요새 같은 디오클레티아누스의 은신처

305년에 퇴위한 디오클레티아누스는 그 후 6년간의 여생을 아드리아해 연안의 살로나에서 보냈다. 이때 은거를 위해 지은 곳이 성벽으로 둘러싸여 '요새 궁전'으로 불리는 궁전이다. 노년의 황제는 그 장엄한 궁전 안에서 어울리지 않게 양배추를 키우며 여생을 평온하게 보냈다고 한다.

지하에 펼쳐진 궁전
남쪽에는 지하 궁전도 있었다.

탑
육지 쪽 벽 3면에 설치된 탑 16개가 망루 역할을 했다.

병영
북쪽 절반에서는 호위병과 하인들이 생활했다.

황제가 생활하는 곳
남쪽 절반은 황제의 생활 구역으로 정원과 침소 등이 있었다.

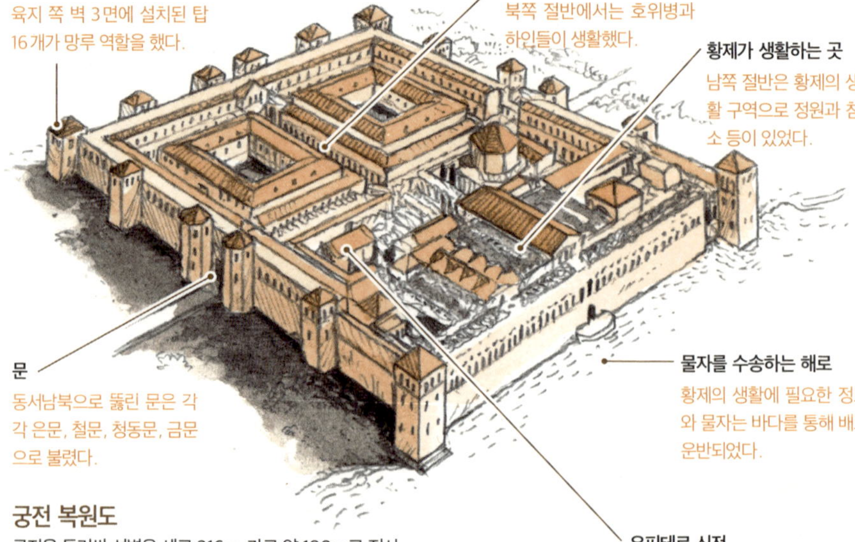

문
동서남북으로 뚫린 문은 각각 은문, 철문, 청동문, 금문으로 불렸다.

물자를 수송하는 해로
황제의 생활에 필요한 물자는 바다를 통해 배로 운반되었다.

궁전 복원도
궁전을 둘러싼 성벽은 세로 216m, 가로 약 180m로 정사각형에 가깝다. 당시 로마의 정세가 불안하여 궁전을 이렇게 요새처럼 지은 듯하다.

유피테르 신전
하늘의 신 유피테르를 모신 신전. 현재는 그리스도교 세례당으로 쓰인다.

네로의 황금 궁전
64년의 로마 대화재로 소실된 광대한 땅에 건설되었다. '도무스 아우레아(Domus Aurea) = 황금 궁전'이라는 별명에 걸맞게 벽과 바닥을 호화로운 모자이크로 뒤덮었으므로 시민의 반감을 샀다. 후세에 다른 시설의 기초로 이용되기도 해서 예전의 모습이 거의 남아 있지 않다.

4 고대 로마의 건축과 토목 기술

도미티아누스 궁전
즉위 직후인 81~92년에 건설되었다. 그림에 보이는 곳은 연못이 있었던 중정이다. 반원 부분은 원기둥의 기초인 듯하다. 왼쪽에 도미티아누스의 거처가 있었다.

'팰리스(궁전)'라는 영어 단어는 로마의 7개 언덕 중 팔라티누스 언덕의 이름에서 유래했다. 팔라티누스 언덕 위에 도미티아누스 황제(11대 황제, 81~96년)가 거대한 궁전을 지었기 때문이다.

도미티아누스 궁전은 안뜰(중정), 큰 방, 바실리카(집회장이나 법정 등으로 사용된 공공 광장), 도서관, 사저 등으로 이루어진 거대한 복합 시설로 총 면적이 4만 1,000m²에 달한다. 대리석과 아름다운 벽화를 듬뿍 썼으니 그야말로 당대 최고 권력자에 걸맞은 모습이었을 것이다. 지금까지도 도미티아누스가 지은 건물 중 제일 장엄한 건물이다.

그러나 로마 황제의 궁전은 훨씬 오래전부터 지어졌다. 그중에서도 네로(5대 황제)의 도무스 아우레아는 '황금 궁전'으로 불릴 정도여서 장엄함으로는 도미티아누스 궁전을 앞선다. 이 궁전 여기저기에 놓인 예술품, 벽과 바닥의 모자이크도 후세 예술에 영향을 미쳤다.

그 외에도 많은 궁전이 로마 각지와 속주에 지어졌다. 그중에서도 디오클레티아누스의 궁전은 유난히 거대하고 구조가 요새 같은 것이 특징이다.

부유층이 여가를 즐긴 호화로운 별장
빌라

많은 로마의 부유층이 '빌라'라는 별장을 보유하고 있었다. 특히 경치가 아름다운 나폴리만 근교에 별장을 두고 온천욕을 즐기며 일상의 피로를 푸는 사람이 많았다고 한다.

그러나 빌라는 우아한 별장일 뿐만 아니라 농장이기도 했다. 부자들은 노예에게 농사일을 맡겨 수확한 작물을 출하하고 이익을 얻었다. 빌라의 농장에서는 주로 포도나 올리브를 키웠으며 일부 빌라는 포도주나 올리브유 가공 시설도 갖추고 있었다.

빌라 중에서도 특히 유명한 것이 시칠리아섬에 있는 빌라 로마나 델 카살레(Villa romana del Casale)다. 이 빌라는 호화롭고 복잡한 건물로 바닥 곳곳에 아름다운 모자이크화가 남아 있다. 주인이 누구인지는 알 수 없지만 이 호사스러운 장식만 보아도 분명 큰 부자였을 것이다.

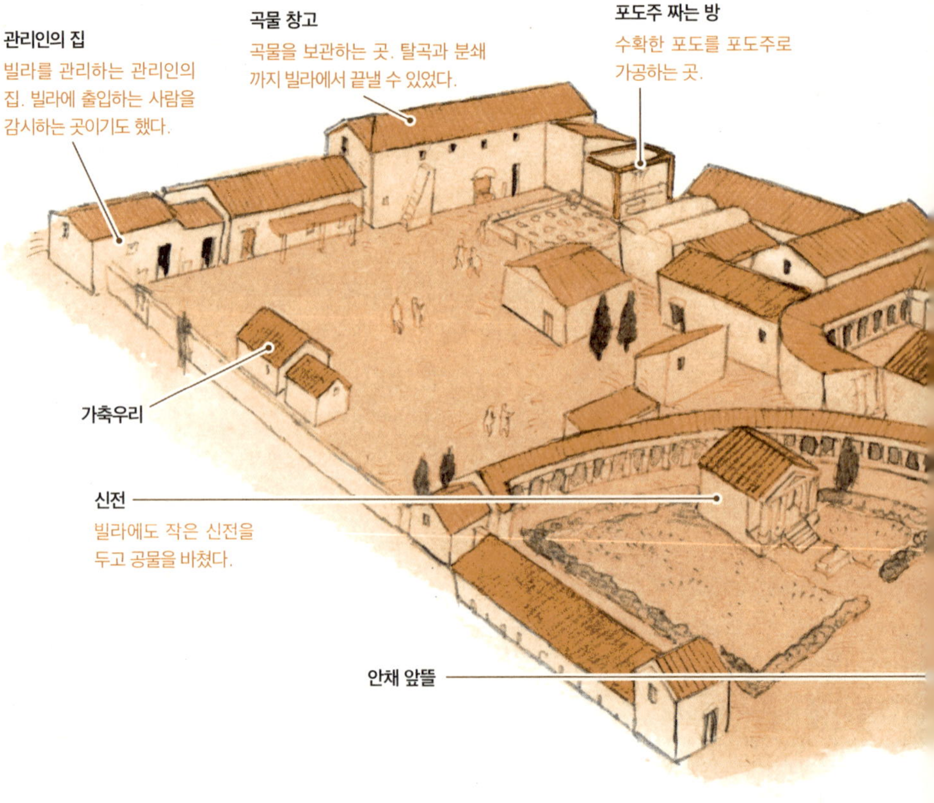

관리인의 집
빌라를 관리하는 관리인의 집. 빌라에 출입하는 사람을 감시하는 곳이기도 했다.

곡물 창고
곡물을 보관하는 곳. 탈곡과 분쇄까지 빌라에서 끝낼 수 있었다.

포도주 짜는 방
수확한 포도를 포도주로 가공하는 곳.

가축우리

신전
빌라에도 작은 신전을 두고 공물을 바쳤다.

안채 앞뜰

황제가 사랑한 빌라 아드리아나

로마 교외 티볼리에 하드리아누스 황제가 건설하여 '빌라 아드리아나(Villa Adriana)'로 불리는 별장 단지가 있다. 부지 내 건물만 30동을 짓고 입욕을 좋아했던 만큼 목욕탕도 3개나 두었으므로 하나의 마을처럼 보인다. 세계를 누빈 하드리아누스답게 로마풍의 건축물뿐 아니라 그리스나 이집트풍의 것도 섞여 있었다.

바다 극장
원형 인공 연못 주변에 열주를 두르고 연못 중앙에 섬을 띄워 극장을 조성했다. 하드리아누스는 종종 여기서 혼자만의 시간을 보냈다고 한다

아트리움(atrium)[1]
입구에 도착한 손님을 맞아들이는 곳으로 평소에는 문이 닫혀 있다.

안뜰(중정)
주랑이 아름다운 안뜰. 수목과 생울타리로 장식되어 있다.

주인의 거주 공간
침실과 서재, 식당 등이 있으며 온수를 쓴 바닥 난방 시스템도 간혹 설치되어 있다.

빌라의 구조

1세기경 빌라의 구조. 오른쪽에는 주인과 주인 가족이 생활하는 안채가 있고 왼쪽에는 농장용 건물이나 빌라의 운영을 맡은 관리인의 집 등이 있다.

1. 고대 로마 주택에 조성된 넓은 마당. 손님이 방문했을 때 처음 접하는 공적인 공간이었다.

전쟁의 승리를 기리는 건축물
개선문과 기념탑

콘스탄티누스 개선문

콘스탄티누스가 315년, 밀비우스(Milvius) 다리 전투에서 승리한 기념으로 건설한 아치 3개짜리 개선문. 로마 최후의 거대 개선문으로 유명하다. 다양한 부조와 조각으로 장식되어 있는데 오래된 시대의 장식이 재활용되기도 했다.

개선과 출격 장면
황제가 개선하는 모습과 축복받으며 출격하는 장면이 새겨져 있다. 그런데 이 부조는 마르쿠스 아우렐리우스, 안토니누스 피우스 시대의 개선문에서 잘라낸 것이다.

트라야누스 시대의 조상
윗부분의 조각상은 트라야누스 시대의 것인데 머리만 콘스탄티누스를 닮은 것으로 교체한 것도 있다.

높이 21m, 폭 25.7m, 깊이 약 7.4m. 북쪽 정면에는 전쟁 장면, 남쪽 정면에는 평시에 공공 업무를 수행하는 모습이 나타나 있다.

보상금을 받는 황제의 모습이 새겨져 있다.

하드리아누스 시대의 부조
둥근 부조는 하드리아누스 시대의 것으로, 로마의 신들이 새겨져 있다. 왼쪽은 아폴로, 오른쪽은 헤라클레스다.

콘스탄티누스 시대의 부조
당대인 콘스탄티누스 시대에 만들어진 부조들도 있는데 기둥 아래쪽과 아치 상부에 주로 쓰였다.

로마의 역대 황제들은 자신의 위업을 기념할 목적으로 다양한 건물을 지었다. 대표적인 예가 개선문인데 원형은 기원전 2세기경부터 있었던 듯하다. 또 로마 제국 멸망 후에도 유럽 각지에서 파리의 에투알(Étoile) 개선문 같은 기념 시설이 만들어졌다.

개선문의 기본 구조는 아치 천장이 있는 통로인 '볼트'이며 모든 벽은 원기둥과 부조로 장식된다. 로마에 현존하는 개선문 중에서는 티투스 황제의 개선문, 셉티미우스 세베루스의 개선문, 콘스탄티누스의 개선문이 보존 상태도 좋고 당시 모습도 잘 남아 있다. 다른 기념 시설 중에서는 트라야누스 기념 기둥이 유명하다.

트라야누스 기념 기둥

높이가 약 38m인 이 기념 기둥은 트라야누스 황제의 다키아 전쟁을 기념하기 위해 세운 것이다. 원래는 내부의 나선 계단으로 정상까지 오를 수 있었다.

성 베드로 상
원래 트라야누스 황제의 조상이었으나 1588년에 그리스도교 성인인 성 베드로 상으로 바뀌었다.

프리즈(Frieze)
기둥 전체가 띠 모양 조각인 프리즈로 장식되어 있다. 총 길이가 200m나 되는 이 프리즈에는 다키아 전쟁의 장면이 새겨져 있다.

20개의 원통
기둥은 지름이 3.5m나 되는 원통 20개로 구성되어 있다. 주변에 거대한 발판을 세우고 하나하나 쌓아 올렸다고 한다.

로마의 발전을 떠받친 교통망
가도

'모든 길은 로마로 통한다'라는 속담처럼 고대 로마는 제국 각지를 가도로 연결했다. 덕분에 군대를 신속하게 파견하고 물자를 원활하게 수송할 수 있었다. 로마 가도의 역사는 기원전 312년에 시작되었다. 당시 감찰관이었던 아피우스 클라우디우스(Appius Claudius)가 로마와 카푸아 사이의 가도를 정비하기 시작한 것이다. 그 결과 총길이 211km나 되는 가도가 완성되어 '아피우스 가도'로 불리게 되었다.

이후 무려 400년 동안 이탈리아반도와 제국 전역에 로마에서 각지로 향하는 가도가 정비되었다. 전쟁이 없는 시기에 동원된 병사들이 도로 공사를 완전 수작업으로 진행했다. 그 결과 총길이 15만km나 되는 도로가 로마 제국의 동맥으로 기능하게 되었다.

루두스(Rudus)
두 번째 층. 작은 돌을 깔고 모르타르(Mortar)를 채워 굳혔다.

땅파기
땅파기는 약 6m 간격으로 이뤄졌다. 도로 폭은 약 4~6m로 마차가 지나기에는 충분했지만 사람이 많은 도심부에서는 좁은 편이었다.

아피우스 가도
아피우스 클라우디우스가 만든 로마 가도. 말이 끄는 전차가 달릴 군용 도로로 부설되었다. 이 가도는 카푸아에서 다시 출발해 총길이 580km로 이탈리아반도를 횡단하고 최남단의 브룬디시움, 레기움에 도달한다. 그리고 그 일부가 지금도 남아 있어 '가도의 여왕'으로 불린다. 아피우스 클라우디우스는 로마의 가도뿐만 아니라 수도도 정비했다.

고대 로마의 건축과 토목 기술

가도는 어떻게 정비되었을까?

로마 가도의 공사는 단순히 길에 돌을 까는 식으로 이루어지지 않았다. 그 대신 일단 땅을 깊이 판 다음 크기가 제각각인 자갈, 돌 등을 세 층으로 나누어 메워서 마차가 지나도 무너지지 않는 튼튼한 길을 완성했다. 배수를 고려하여 가운데를 약간 높인 것도 주목할 만하다.

나무망치
위에서 나무망치로 누르고 두드려 자갈 사이에 틈이 없도록 했다.

파비멘툼 (Pavimentum)
노면이 될 최상층. 단단한 현무암이 주로 쓰였다.

이정표
로마 가도를 따라 설치된 표식. 해당 지점에서 가장 가까운 도시까지의 거리가 표기되어 있다.

스타투멘 (Statumen)
도로의 첫 번째 층. 모래, 흙, 돌멩이 등이 쓰였다.

기원전 2세기경의 로마 가도

로마에서 방사상으로 뻗어나간 가도가 이탈리아반도 전체를 뒤덮었다. 기원전 117년경 로마의 주요 간선도로 길이는 약 8만 6,000km, 모든 도로의 길이는 29만km나 되었다. 로마 가도는 부설 이후 2,000년이 지난 지금도 아스팔트로 재포장되어 이용되고 있다.

한걸음 더 4

로마를 상징하는 말
'SPQR'은 무슨 뜻일까?

로마에서 자주 쓰이는 'SPQR'이란 말은 라틴어 'Senātus Populusque Rōmānus(세나투스 포풀루스케 로마누스)'의 약자로, '원로원과 로마 인민'을 뜻한다. 즉 고대 로마의 주권자를 부르는 말인데 현대 영어의 'Ladies and gentlemen(신사 숙녀 여러분)'처럼 연설을 시작할 때 쓰는 상투어이기도 했다. 또 원로원과 로마 인민을 나란히 배치하기는 했지만 원로원(세나투스)을 먼저 언급함으로써 두 집단이 서로 구별되며 실제로는 원로원이 리더십을 쥐고 있음을 나타내는 말이기도 하다.

'SPQR'은 공화정의 이념을 상징하는 구호로 로마에 널리 퍼져 제정 시대에도 황제(임페라토르, Imperator)의 'I'가 추가되지 않은 채 로마의 군기나 각종 공공 기물에 쓰였다. 로마시뿐만 아니라 과거에 로마 제국 영토였던 북아프리카와 유럽의 유적에도 그 흔적이 남아 있다.

지금도 'SPQR'은 로마시의 문장으로 채택되어 맨홀 뚜껑이나 택시 문에 새겨진다. 프로 축구팀인 AS 로마도 2023~2024년의 공식 유니폼 가슴에 'SPQR'의 로고를 새겼다.

현대 로마 시내의 맨홀

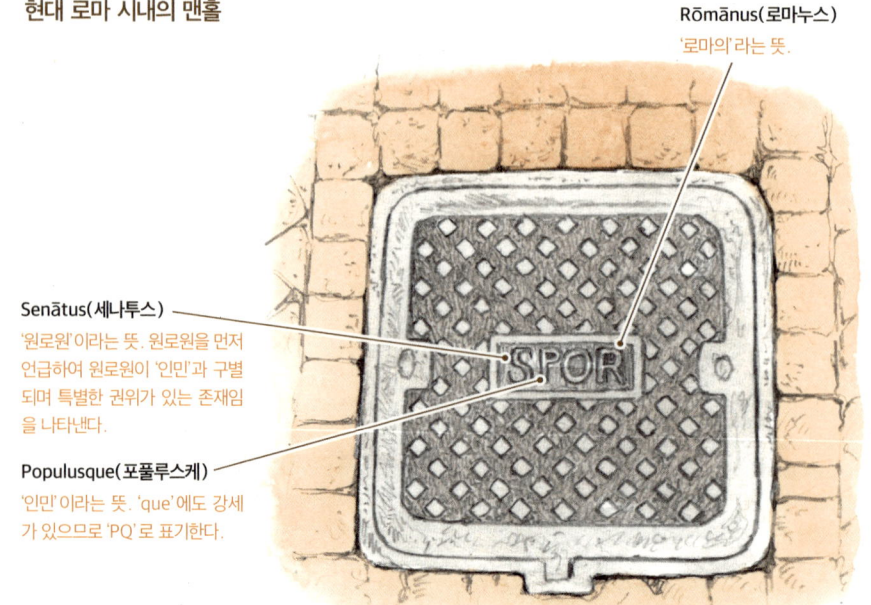

Rōmānus(로마누스)
'로마의'라는 뜻.

Senātus(세나투스)
'원로원'이라는 뜻. 원로원을 먼저 언급하여 원로원이 '인민'과 구별되며 특별한 권위가 있는 존재임을 나타낸다.

Populusque(포풀루스케)
'인민'이라는 뜻. 'que'에도 강세가 있으므로 'PQ'로 표기한다.

제 5 장

로마 시민의 생활과 문화

참정권을 식량, 오락과 맞바꾼 로마 시민을 조롱하는 말
'빵과 서커스'

고대 로마는 복잡한 신분 제도에 기반해 극도로 양극화된 격차 사회였다. 로마에 사는 모든 사람은 자유와 권리를 인정받는 '자유인'과 인권을 제한당하고 가축처럼 취급받는 '노예'로 나뉘었다. 그리고 자유인 중에서도 참정권과 항소권 등 '로마 시민권'이라는 특권이 있는 자유인만이 '로마 시민'이었다. 다시 말해 '로마 시민'이란 로마에 거주하는 사람을 가리키는 말이 아니었다.

로마 시민은 식량과 오락을 무상으로 받을 권리가 있었지만 그 대가로 혜택을 베푸는 유력자를 정치적으로 지지해야 한다는 암묵적 규칙이 있었다. 즉 빵과 서커스를 제공받는 대신 유력자가 공직에 입후보했을 때 투표해야 하는 것이다. 따라서 '빵과 서커스'란 시민의 최대 특권인 참정권을 포기하는 대신 유력자가 배급하는 식량으로 배를 채우고 오락에 열중했던 로마 시민들을 조롱하는 말이었다.

로마인과 로마 시민은 다르다

로마의 신분제는 사람을 엄격하게 황제, 원로원 의원, 기사, 평민, 속주민, 해방 자유인, 노예 7신분으로 구분했다. 이중 원로원에서 평민까지만 '로마 시민권'이라는 특권을 가진 로마 시민이었다.

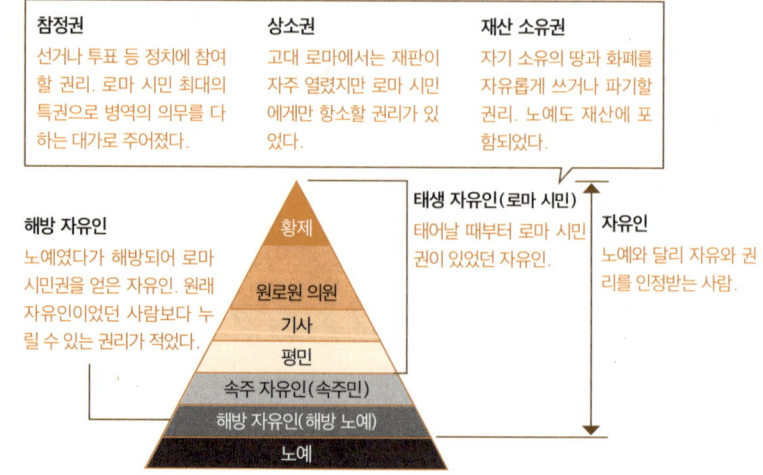

식량과 오락이 무료

로마 시민은 밀 등의 식량과 키르쿠스, 연극 등의 오락을 무료로 즐길 권리가 있었다. 특히 식량을 무상으로 배급하는 제도는 로마 시민의 아사를 방지하는 효과가 있었다.

키르쿠스 (전차 경주)
전투용 마차의 속도를 겨루는 고대의 스포츠 경기. 현대로 치면 자동차 경주. '서커스(Circus)'의 어원이기도 하다.

곡물 장관
초대 황제 아우구스투스가 창설한 관직으로 식량을 안정적으로 공급하는 역할을 했다. 상세한 업무 내용은 알려지지 않았다.

식량 배포를 위한 배려 (쿠라 아노나이, Cura annonae)
영토 확장으로 이집트, 시칠리아 등의 곡물이 염가로 수입되자 로마에서는 포도와 올리브 등 고급 과실만 재배하게 되어 식량 자급자족이 어려워졌다. 이에 황제가 곡물을 사서 시민에게 무료로 배급하는 정책이 시행되었다. 이후 모든 황제가 '식량을 공급하기 위한 배려(쿠라 아노나이)'로 고심하게 되었다.

밀
로마의 주식인 빵 등의 원료. 대부분을 속주에서 수입했다.

로마 신화에 등장한 키르쿠스

초대 왕 로물루스가 키르쿠스를 주최하여 이웃 나라 사비니 사람들을 초대했다. 그리고 손님들이 경기에 한창 열중해 있을 때 외투를 들어 신호를 보내자 로마 병사들이 나타나 사비니 여성들을 데려갔다. 로마가 키르쿠스를 이용해 사비니 여성들을 납치한 것이다. 이때 납치당한 700명의 여성 대부분이 로마 시민과 강제로 결혼했다고 한다.

신분에 따른 드레스 코드
옷차림과 머리 모양

고대 로마인은 '투니카(Túnica)'라는 원피스를 몸에 걸치고 허리에 끈을 묶었다. 노예는 평상복으로 이 투니카만 입었지만 남성 로마 시민은 반원형의 긴 천인 '토가(Toga)'를 투니카 위에 둘렀다. 토가는 로마 시민의 정장이어서 시민권이 있는 사람만 착용할 수 있었다. 또 투니카나 토가의 천과 테두리 색, 패턴의 크기는 신분에 따라 달라졌으며 진홍색이나 보라색 옷은 황제 등 상류층만 입을 수 있었다.

여성은 발목까지 내려오는 선명한 색의 투니카인 '스톨라(Stola)'를 입고 그 위에 '팔라(Palla)'라는 천을 둘렀다. 기혼자나 신관은 머리에 베일(Veil)을 쓰기도 했다.

남녀 구분 없이 장신구를 즐기고 정기적으로 이발소에 다닌 것을 보면 로마인의 미의식은 상당히 높았던 듯하다.

남성의 의복인 토가와 투니카

토가는 반원형의 천 한 장을 주름잡아 말아 올리듯 걸치는 복잡한 옷이었고 투니카는 두 장의 천을 어깨와 옆구리 부분에서 꿰매어 만든 것을 머리에서부터 뒤집어쓰는 간단한 옷이었다.

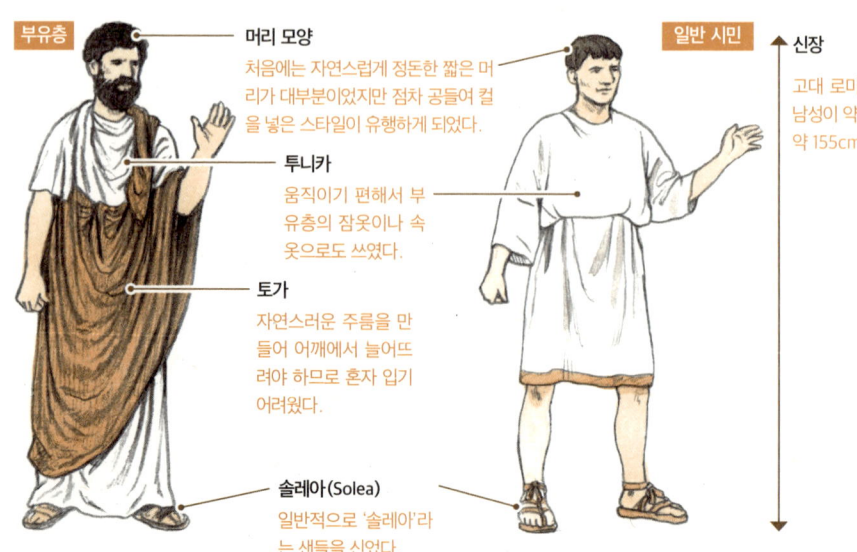

컬이 있는 머리 모양이 인기

로마 황제의 초상에 자주 보이는 구불구불한 머리, 이런 머리 모양은 천연 곱슬이 아니라 미용사가 만들어 준 것이다. 로마의 미용사들은 왁스나 핀셋으로 머리카락을 뽑기도 하고 숯불로 달군 금속 인두로 구부리고 말기도 했다. 전기 미용기나 고데 등 편리한 도구가 없었던 고대 로마에서는 수고와 아픔을 감수해야 세련된 머리 모양을 만들 수 있었다.

빈약한 머리숱으로 고민한 카이사르

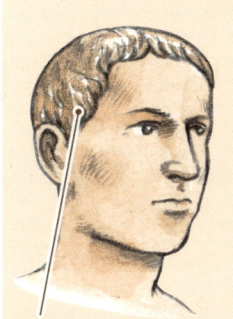

고대 로마인에게 풍성한 모발은 미남의 상징이었다. 그래서 머리숱으로 고민했던 카이사르(→ 46쪽)는 앞머리를 옆으로 넘긴 짧은 머리모양을 개발하여 빈약한 머리숱을 감추었다고 한다. 카이사르의 이름을 따 '시저 커트(Caesar Cut)'로 불리는 이 머리 모양은 1950~1990년대에 서구에서 인기를 끌었고 지금도 신사적으로 보인다는 이유로 사랑받고 있다.

시저 커트
모발 전체를 2~5cm 정도로 짧게 자른 스타일.

뜨겁게 달군 금속 인두로 모발을 말아 탑처럼 높게 쌓거나 석회로 머리색을 밝게 염색하기도 했다.

머리카락을 땋아 고리를 지어 화환처럼 만들거나 뱀 똬리처럼 감아 올린 스타일이 유행했다.

주름이 우아하게 흘러내리는 여성복

여성은 남성처럼 토가를 걸치기도 했지만 기본적으로 스톨라를 입었다. 소재로는 질 좋은 마직물이나 비단이 주로 쓰였고 창부는 비치는 비단으로 만든 옷을 입었다.

부유층

베일
종교의식에서 머리를 가리는 관습이 있었으므로 기혼자나 신관이 주로 사용했다.

팔라
정사각형의 모직 천. 어깨에 브로치를 달기도 했다.

머리 모양
원래 중앙에서 좌우로 나눠 땋아 목덜미에서 느슨하게 묶는 단순한 모양이 대부분이었으나 점차 몇 겹으로 말아 정수리에서 높이 틀어 올리는 화려한 스타일이 유행하게 되었다.

장신구
남녀 모두 사용했지만 여성들이 특히 좋아했으며 세공이 정교하거나 보석을 많이 쓴 것이 인기있었다.

피부
여성은 피부가 흴수록 미인으로 여겨졌으므로 검게 그을리지 않으려고 항상 양산을 썼다고 한다.

일반 시민

스톨라
구조는 남성의 토가와 같지만 옷자락이 발목까지 내려오는 것이 특징이다.

아름다운 주름이 자연스럽게 흘러내렸다.

드러누운 채 산해진미를 즐겼던
상류층의 식사와 연회

현대인처럼 고대 로마인도 아침, 점심, 저녁 세 끼를 먹었다.
부유층은 저녁에 자택인 도무스(→132쪽)에 마련된 트리클리니움(Triclinium)이라는 방으로 친구들을 불러 연회를 베풀었다. 초대된 손님들은 트리클리니움에 식탁을 에워싸듯 설치된 간이침대에 누워 호화로운 코스 요리와 넘쳐나는 포도주를 천천히 맛보고 식사 후 여흥으로 악기 연주와 춤을 관람했다. 연회는 15시경부터 시작되어 새벽까지 밤새도록 이어지기도 했다.
손님과 대화를 즐기는 것도 식사의 즐거움으로 여겨졌으므로 트리클리니움의 연회에 일반 시민이 초대될 때도 있었다. 이처럼 연회는 단순히 부를 과시하는 수단이 아니라 인기를 높이거나 정치적 기반을 다지기 위한 사교의 기회로도 활용되었다.

하루의 식사와 각각의 호칭

왕정 시대에는 아침과 저녁을 가볍게 먹고 점심에 주 식사인 케나(Cena)를 먹었다. 그러나 공화정 이후 케나가 저녁 식사로 바뀌었다. 부유층은 저녁을 먹은 후에 야식을 먹기도 했다.

왕정 로마 시대
구할 수 있는 식재의 종류가 적었고 대부분 농업에 종사해서 육체노동을 했으므로 점심을 든든히 먹었다.

조식 이엔타쿨룸(Ientaculum)
새벽 무렵에 우유 등에 빵을 적셔 먹었다. 전날 먹고 남은 음식을 먹기도 했다.

중식 케나
정오쯤 콩을 조려 만든 수프와 밀죽 등 주식을 먹는다. 부유층은 말린 고기를 먹기도 했다.

석식 베스페르나(Vesperna)
일몰 전에 고기가 포함되지 않은 가벼운 음식을 먹은 듯하지만 전해지는 자료가 부족해 자세히는 알 수 없다.

공화정 로마 시대
영토가 넓어져 다양한 식재가 수입되기 시작하고 도시가 발달하자 식욕 없는 더운 낮에 많이 먹지 않고 저녁에 주식을 먹게 되었다.

조식 이엔타쿨룸
일반적으로는 왕정 때처럼 소박하고 가볍게 먹었지만 부유층의 식탁에는 과일과 치즈가 올라오기도 했다.

두 번째 조식 프란디움(Prandium)
음식점에서 빵, 죽, 달걀, 식은 고기, 생선, 과일 등을 사서 먹었지만 먹지 않고 거르기도 했다.

석식 케나
부유층은 연회를 열어 진수성찬을 즐겼지만 서민들은 아침, 점심과 비슷하게 빵과 밀죽 등 소박한 식사를 했다.

야식 베스페르나
연회나 주연 후에 입가심으로 가벼운 음식을 먹었다. 서민은 거의 먹지 않았다.

트리클리니움의 연회

당시 연회에서는 침대에 반쯤 누워 음식을 먹었고 식사 중에 소변을 보거나 음식 찌꺼기를 바닥에 아무렇게나 버려도 되었으며 트림이 환영받았다. 현대에는 상상할 수 없는 식사 예절이다.

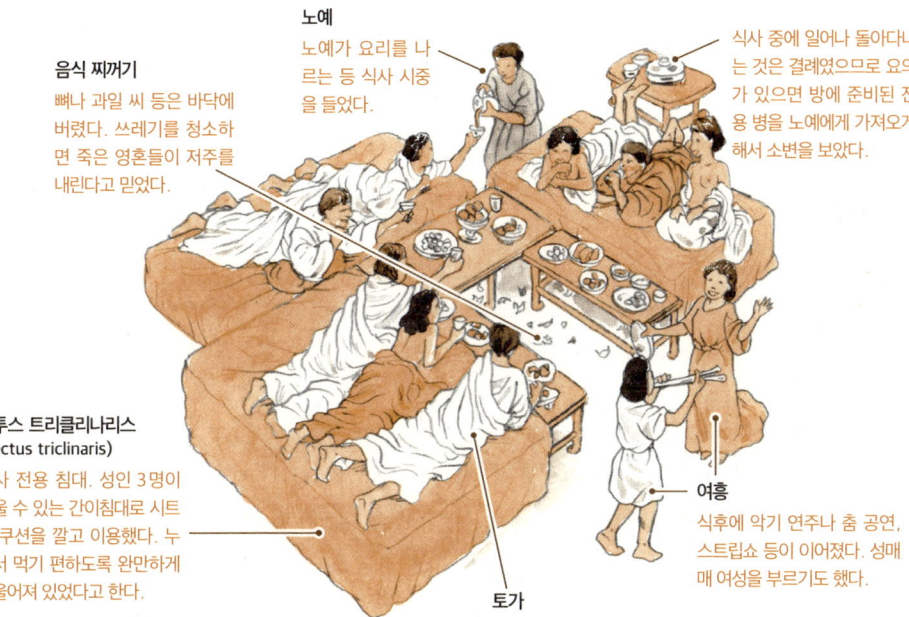

노예
노예가 요리를 나르는 등 식사 시중을 들었다.

음식 찌꺼기
뼈나 과일 씨 등은 바닥에 버렸다. 쓰레기를 청소하면 죽은 영혼들이 저주를 내린다고 믿었다.

식사 중에 일어나 돌아다니는 것은 결례였으므로 요의가 있으면 방에 준비된 전용 병을 노예에게 가져오게 해서 소변을 보았다.

렉투스 트리클리나리스
(Lectus triclinaris)
식사 전용 침대. 성인 3명이 누울 수 있는 간이침대로 시트나 쿠션을 깔고 이용했다. 누워서 먹기 편하도록 완만하게 기울어져 있었다고 한다.

여흥
식후에 악기 연주나 춤 공연, 스트립쇼 등이 이어졌다. 성매매 여성을 부르기도 했다.

토가
손님은 원래 로마 시민의 정장인 토가를 입었으나 시대가 흐르면서 식사 전에 신테시스(Synthesis)라는 간이 토가로 갈아입었다고 전해진다.

석차
상석, 중석, 말석이 있는데 ①에서부터 순서대로 중요도가 낮아진다. 주빈은 윗단 왼쪽(①), 주최자는 좌단 위쪽(④)에 누울 때가 많았다.

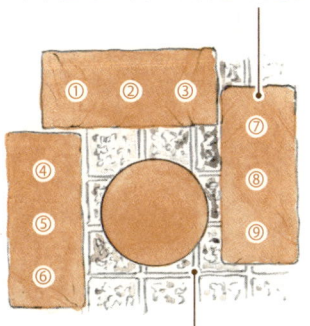

아사로토스 오이코스(Asàrotos òikos)[1]
트리클리니움 바닥에는 과일 씨앗이나 생선 뼈 등을 그린 모자이크화[1]를 두어 저주를 방지하려 했다.

연회 진행과 메뉴

참석자는 먼저 세면 그릇에 손을 씻고 기도를 드렸다. 그리고 요즘 코스 요리를 먹을 때처럼 식전 술인 벌꿀 포도주부터 시작하여 전채요리, 생선 요리, 고기요리 순으로 음식을 맛보았다. 마지막으로 손을 닦고 디저트를 먹고 남은 요리를 선물로 가져갔다.

1. 손을 씻는다	5. 전채 2종 채소, 해산물 외에 겨울잠쥐 고기[2]나 올리브 열매 등을 먹었다.	7. 손 씻기
2. 신에게 기도한다.		8. 디저트 석류, 자두 등 과일과 셔벗[3], 구운 과자를 먹었다.
3. 식전 술		
4. 삶은 달걀	6. 주요리 2종 어패류, 조류, 돼지고기 등의 고기요리를 먹었다.	9. 선물 지참한 냅킨에 남은 요리를 싸서 돌아갔다.

1. '청소하지 않은 바닥, 청소하지 않은 집'을 표현한 모자이크화. 영어로 번역하면 'Unswept Floor'
2. 로마인의 식습관을 반영하듯 영어 이름이 'Edible Dormouse(식용 겨울잠쥐)'다.
3. 과즙에 물, 우유, 설탕 따위를 섞어 얼린 얼음과자.

농업이 생업이었던 왕정 시대의 로마인은 밀 등 곡물, 올리브, 몇몇 채소를 재배해서 먹었다. 그러나 공화정 이후 영토가 확대되자 속주에서 저렴한 식재가 풍부하게 들어와 로마시의 식량 자급률이 낮아졌고 이집트와 시칠리아산 밀이 로마인의 주식이 되었다. 제국 각지에서 다양한 사치품도 들어왔다. 부유층의 주방에는 히스파니아(스페인)산 햄에서부터 사하라사막 주변에서 딴 석류와 대추야자, 아시아산 향신료까지 다양한 식재가 줄을 이었다고 한다.

바다 근처에 사는 로마인은 빈부에 상관없이 노랑촉수, 굴, 문어 등 어패류를 먹었는데 그중에서도 숭어, 랍스터가 고급 식재로 꼽혔다. 돼지고기 등 육류를 먹는 사람도 있었으나 너무 비싸서 서민은 먹을 수 없었다.

포도주는 빈부에 상관없이 마셨으므로 제정 전성기에는 연간 1억ℓ나 되는 포도주가 로마에서 소비되었다고 한다. 비타민, 미네랄, 당질을 포함한 포도주는 고대 로마인의 식생활에 빠져서는 안 될 중요한 영양원이었다.

달걀에서 사과까지, 각지에서 모인 다양한 식재

고대 로마인은 밀 등 곡물 외에 과일, 견과류, 올리브도 먹고 포도주도 마셨다. 바다 가까운 곳에서는 서민도 어패류를 먹었지만 고기는 고가여서 상류층만 먹을 수 있었다.

육류
주로 돼지고기를 통구이로 먹었다. 대형 쥐도 많이 먹어서 양식까지 했다고 한다. 공작이나 거위 등 조류도 먹었으나 소는 귀중한 노동력인 데다 신에게 바치는 공물이라서 거의 먹지 않았다.

해산물
바다 가까운 곳에서는 신선한 생선이나 문어, 조개 등을 먹었다. 당시에는 굴이 양식으로 생산되었으므로 고급 식재가 아니었다.

손 닦는 빵
주식인 밀은 빵이나 죽으로 만들어 먹었지만 부유층의 연회에서는 식용 빵과는 별도로 손 닦는 빵도 준비했다. 요리를 손으로 집어 먹었으므로 손가락에 묻은 생선 기름을 닦거나 잘게 잘라 입 주변을 닦는 데 이 빵을 썼다고 한다. 더러워진 빵은 입에 대지 않고 바닥에 버려 개가 먹도록 했다.

과일
사과, 배, 소아시아에서 가져온 버찌도 먹었다. 로마인은 포도주용과는 별도로 식용 포도를 재배했다.

건과일
제철 시기에는 생으로 먹었지만 겨울에는 말려서 보존한 건과일을 먹었다. 말린 대추야자, 무화과, 건포도가 인기였다. 호두나 아몬드 등 견과류도 먹었다.

벌꿀
요리나 케이크 등에 설탕처럼 썼다. 고가인 벌꿀 대신 과즙을 조려 감미료로 쓰기도 했다.

포도주
고대 로마인은 포도를 50종 이상 재배했고 적포도주를 특히 많이 만들었다. 시고 떫은 미성숙한 포도주는 눈을 넣어 시원하게 마시거나 따뜻하게 데워 마신 듯하다.

가룸(Garum)
생선으로 만든 기름인 '가룸'은 로마의 대표적인 조미료로 고기나 생선요리의 양념으로 쓰였다. 생선 내장을 소금물에 절여 순한 풍미를 내기까지 4~6주쯤 햇볕이 드는 곳에서 발효시켜 만들었다.

오이노코에(Oenochoe)
포도주를 붓는 용기. 여성의 머리를 본뜬 것도 있다. 질 좋은 포도주는 유리병에 보존했다.

호화로운 식기
연회에서는 주최자의 부를 과시할 수 있는 호화로운 식기가 쓰였다. 서민은 도기나 목기를 썼으나 부유층은 은제 식기를 많이 썼고 금, 호박, 형석으로 만든 잔을 쓰기도 했다.

물을 타서 마신 고대 로마의 포도주
밀폐용기가 없어 수분이 금세 날아갔으므로 고대 로마의 포도주는 알코올 농도가 높았다. 따라서 물을 타거나 벌꿀을 넣어 마시는 것이 보통이었다. 또 향기를 오래 보존하기 위해 향신료 등이 섞여 있었으므로 침전물을 체에 걸러서 마셔야 했다.

음식은 거의 손으로 집어 먹었으나 큼직한 리굴라(Ligula)나 앞이 뾰족한 코클레아(Cochlear) 등 숟가락 비슷한 것도 있었다.

5 로마 시민의 생활과 문화

음식점에서 소박하게 끼니를 해결한
서민의 식사

소수의 부유층은 극히 사치스러운 식사를 즐겼지만 고대 로마인 대부분의 식생활은 소박했다.

주식인 밀은 처음에는 '풀스'라는 죽으로 조려 먹다가 공화정 이후 제분하고 물에 반죽하여 빵으로 굽게 되었다. 고대 로마에서는 밀이 배급제여서 서민은 빵을 만들 수 없었고 국가나 부유층이 관리하는 제빵소의 전문가만 빵을 대량으로 생산할 수 있었다. 다만 빵은 빈부에 상관없이 먹을 수 있는 음식이어서 전성기에는 로마 시내에만 빵집이 250곳 이상 있었다고 한다.

서민의 주택에는 주방이 없어서 외부에서 가져온 식재나 음식을 화로에서 데우는 정도의 요리만 할 수 있었다. 그래서 식사할 때는 현대의 패스트푸드 식당에 해당하는 '테르모폴리움(Thermopolium)'이나 선술집 같은 '타베르나(Taberna)' 등의 음식점을 이용했다. 음식은 음식점에서 먹을 수도 있었지만 대부분 집에 가져가 먹었다고 한다.

그러나 발굴 조사 결과에 따르면 이런 식사는 양과 영양소가 충분하지 않아 당시 대다수 서민이 만성적 영양실조 상태였다고 한다.

밀 위주의 소박한 식사

서민은 밀죽이나 빵과 함께 콩, 달걀, 치즈, 과일을 먹고 포도주를 마셨다. 처음에는 보리로 만든 딱딱한 빵밖에 없었으나 대량 생산이 도입되고 제분 및 제빵 기술이 발전하자 밀로 만든 부드러운 빵과 달콤한 빵이 등장했다. 그러나 희고 부드러운 빵은 상류층만 먹을 수 있었다.

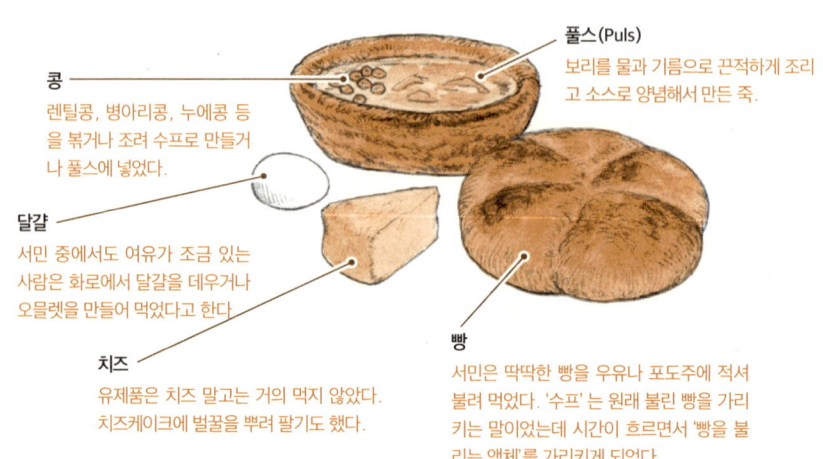

콩
렌틸콩, 병아리콩, 누에콩 등을 볶거나 조려 수프로 만들거나 풀스에 넣었다.

달걀
서민 중에서도 여유가 조금 있는 사람은 화로에서 달걀을 데우거나 오믈렛을 만들어 먹었다고 한다.

치즈
유제품은 치즈 말고는 거의 먹지 않았다. 치즈케이크에 벌꿀을 뿌려 팔기도 했다.

풀스(Puls)
보리를 물과 기름으로 끈적하게 조리고 소스로 양념해서 만든 죽.

빵
서민은 딱딱한 빵을 우유나 포도주에 적셔 불려 먹었다. '수프'는 원래 불린 빵을 가리키는 말이었는데 시간이 흐르면서 '빵을 불리는 액체'를 가리키게 되었다.

서민의 식사를 도운 음식점

집에 주방이 없어서 낮에 일하러 나갔던 서민들은 싸고 부담 없는 음식점에서 식사를 해결했다. 한편, 부유층이 사업 이야기를 나누는 고급 요릿집도 가끔 있었다고 한다. 트라야누스 황제 시대에는 음식점이 포함된 복합 시설도 조성되었다.

빵집
서민 생활에 큰 도움이 되었던 빵집들은 전부 국가 소속이었다. 따라서 제빵사는 지금의 공무원처럼 인기 있는 직업이었고 제빵 전문학교도 있었다고 한다.

테르모폴리움
음식점 안에는 큰 카운터와 식사 공간이 있었다. 조리대에 매립된 '돌리아(Dolia)'라는 항아리 안에 음식이 있었고 손님들은 그 음식을 그대로 가져가거나 데워서 가져갈 수 있었다.

판매대에 그려진 닭이나 오리 그림은 '판매 물품 목록'이었을 듯하다.

트라야누스 시장(→55쪽)
1층에 타베르나가 있는 사상 최초의 쇼핑센터. 일을 마친 로마인들이 모이는 장소였다. 지금은 박물관으로 쓰인다.

미식가들이 남긴 고대 로마의 레시피

티베리우스 황제 시대의 요리사이자 미식가로 통하는 아피키우스(Marcus Gavius Apicius)가 부유층용 레시피를 기록했다. 그 외에도 정무관 대 카토(→43쪽)는 《농업론》에 포도주와 치즈케이크 같은 음식의 레시피를 남겼고 당시 몇몇 산문 작품에서는 고대 로마인의 식생활을 묘사했다. 이런 사료를 참고하여 재현 레시피를 연구하는 사람들도 있다. 2,000년 전에 로마인이 먹었던 고대 로마의 요리를 맛보는 것도 재미있을 것이다.

풀스 만드는 법
① 보리를 물에 보글보글 끓인다.
② 허브와 올리브유를 넣고 더 조린다.
③ 포도 과즙, 향신료, 벌꿀 등을 섞어 만든 소스로 양념한다.

재료
△보리 △물 △올리브유
△딜(허브) △후추
△벌꿀 등

상류층만 살았던 단독주택
부유층의 저택 도무스

부유층은 '도무스(Domus)'라는 단층집 혹은 2층 단독주택에서 살았다. 이 도무스는 시대가 흐르면서 중정이나 방을 추가하여 큰 저택으로 발전했다.

도무스의 현관을 통과하면 벽이 선명한 색으로 칠해지고 바닥이 모자이크화로 덮인 아트리움이 나온다. 아트리움 중앙에 있는 저수조에는 빗물을 보관하여 생활용수로 사용했고 천장에 설치된 창으로는 자연광이 들어왔다.

아트리움에서 직진하면 도무스 한가운데에 집무 공간 타블리눔(Tablinum)이 나오고 더 안으로 들어가면 분수가 있는 페리스틸리움(Peristylium, 안뜰)이 나온다. 귀중한 물을 부족함 없이 사용한 분수는 부의 상징이었다. 그래서 시대가 흘러 공동 주택이 늘어나자 도무스는 정말 큰 부자만 소유할 수 있게 되었다. 도무스에서는 손님을 초대하여 사업 상담을 하거나 연회를 개최하기도 했다. 이처럼 도무스는 완전한 사적 공간이 아니라 정치적, 사회적 교류가 이루어지는 공적 장소이자 가문을 드러내는 수단이었다.

파우누스(Faun)의 집(→159쪽)
유명한 알렉산드로스 대왕의 모자이크화가 있는 폼페이 최대의 도무스. 현관에 들어서면 하반신이 염소인 정령 파우누스를 본뜬 상이 아트리움의 저수조 한가운데서 손님을 맞이한다.

타블리눔
주인이 서류 작업을 하거나 손님과 사업 이야기를 나누는 집무 공간 겸 객실. 집안을 둘러볼 수 있는 저택 한가운데 있을 때가 많다.

트리클리니움
연회에 쓰이는 식사 공간.

아트리움
천장이 없어서 자연 채광과 자연통풍이 이루어졌고 중앙의 저수조에는 빗물을 저장할 수 있었다. 낮에는 어떤 시민이든 들어와서 다양한 미술품을 구경할 수 있었다.

알라이(Alae)
아트리움과 안뜰 사이의 공간.

파우케스(Fauces)
아트리움으로 이어지는 통로. 좁고 길었으며 타블리눔에서 보이는 곳에 만들어졌다.

중정이 있는 집, 도무스
부유층은 호화로운 저택인 도무스에 살았다. 도무스에는 손님을 위한 공간인 아트리움과 헬레니즘풍 정원이 있었다. 도무스에는 방범을 위해 창을 거의 내지 않았다고 한다.

쿠비쿨룸(Cubiculum)
아트리움 주변의 작은 방. 가족과 노예의 침실로 썼다. 문이 밖으로도 열리므로 임대하여 타베르나로 쓰기도 했다.

전원생활을 즐기는 별장, 빌라

많은 부유층은 자연환경이 어우러진 곳에 빌라를 짓고 올리브, 포도 등을 재배했다. 그러나 집 주인은 여름에만 빌라를 방문했고 평소에는 상주하는 노예들이 빌라와 농원을 관리했다.

빌라 아드리아나(→115쪽)
하드리아누스 황제가 건설한 빌라 단지. 농원, 극장, 도서관, 정자 등 시설과 건물이 30개 이상 있었다고 하며 부지 면적도 1.2만 km²나 되었다. 황폐해졌지만 현재 남아 있는 유적이 세계 유산으로 등록되었다.

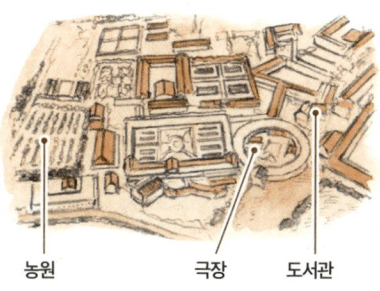

농원 / 극장 / 도서관

비극 시인의 집(→159쪽)
소규모지만 안뜰을 중심에 둔 전통적 도무스로 집무실인 타블리눔과 아트리움이 화랑처럼 꾸며져 있다.

쿠리나(Culina)
주방. 하수관을 공유하기 때문에 이곳에 화장실이 있는 경우도 많았다.

엑세드라(Exedra)
연회를 위해 중정에 만들어진 공간.

여름용 식당
여름철에 밖에서 식사하는 공간. 야외 트리클리니움.

페리스틸리움
가족이 편히 쉬는 안뜰 주변 공간. 천장이 뚫려 있고 화초와 분수가 있는 개방적인 공간이었다.

포스티쿰(Posticum)
상인과 노예가 출입하는 쪽문.

창고
창고, 도서관 등 다양한 용도로 쓰인 공간.

베티(Vettii)의 집
아름다운 벽화가 돋보이는 호화로운 도무스. 당시를 복원한 안뜰을 견학할 수 있다.

하프 연주자의 집
중정이 3개나 있는 대저택. 중정에 있는 동물 청동상의 입에서 분수가 나왔다.

5 로마 시민의 생활과 문화

세계 최초의 고층 아파트
서민의 집 인술라

길을 빽빽하게 메운 공동 주택 인술라

인술라란 '섬'을 뜻하는 라틴어로, 위로 튀어나온 모습 때문에 그렇게 불렸다고 한다. 서민 주택 이미지가 강하지만 주방과 수도가 갖춰진 저층에는 부유층이 살기도 했다.

행인은 머리 조심
곳곳에 전용 탱크나 항아리가 있었지만 상층 주민들은 귀찮아하며 오물이나 분뇨를 길에 던지기 일쑤였다. 항아리나 접시 등 깨지기 쉬운 물건을 던지기도 했다.

공동 수도
높은 곳에 수도를 끌어오는 기술이 없어서 3층 이상에는 당연히 변소와 욕실이 없었다. 식수나 빨래에 쓰는 생활용수는 공동 수도에서 길어와야 했다.

1층에 다양한 음식점이 세 들어 있어서 간편하고 싸게 식사할 수 있었다.

도무스에 살 만한 여유가 없었던 대다수는 '인술라(Insula)'라는 공동 주택에 세 들어 살았다. 인술라는 요즘의 고층 아파트 같은 건물로 2층짜리부터 7층짜리까지 있었던 듯하다. 100만 이상의 인구를 거느린 고대 로마의 시내에는 토지 부족을 해소할 목적으로 계획 없이 지은 인술라가 길거리 양옆에 빽빽하게 늘어서 있었을 것이다.

인술라는 내구성이 높지 않았다. 그나마 기초인 하층에는 튼튼한 벽돌과 콘크리트가 쓰였으나 상층에는 목재 등 가벼운 소재가 쓰였기 때문이다. 그래도 돈을 벌고 싶은 인술라 주인들이 층수를 늘리려고 공사를 거듭한 듯하다. 그래서 로마 정부가 붕괴 사고를 막기 위한 높이 제한을 여러 차례 공표하기도 했다. 뿐만 아니라 인술라는 로마 시민 대부분이 이용한 주거시설이었지만 욕실, 변소는커녕 주방도 없는 등 설비가 형편없었고 화재와 붕괴 위험에도 늘 노출되어 있었다. 심지어 모든 사람이 창밖으로 쓰레기를 버려서 이웃끼리 갈등하는 일도 적지 않았다. 이처럼 인술라의 생활은 청결하지도 쾌적하지도 않았으므로 집에는 잘 때만 들어가는 사람이 많았다고 한다.

5 로마 시민의 생활과 문화

주거
2층 이상이 주거용이었다. 고층은 불편하고 좁은 데다 목재여서 화재나 붕괴 위험이 컸으므로 고층일수록 가난한 사람들이 살았다.

도로와 하수
고대 로마의 길에는 전부 깨끗한 돌이 깔려 있을 듯하지만 대부분 불결하고 보도도 없었다고 한다. 길거리 양쪽의 도랑 밑에는 온갖 생활 배수가 모이는 하수도가 있었다.

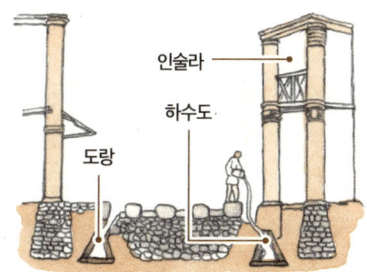

공중변소는 사교의 장

서민은 유료 공중변소를 이용했다. 대변 전용이고 개인 칸이 없어서 앉아 있는 동안 옆의 이용자와 대화를 주고받았다고 한다.

구멍 밑에 변을 모으는 항아리가 있었다. 공중목욕장 근처에 공중변소가 많이 지어진 것을 보면 목욕탕 물을 변소에서 재활용한 듯하다.

테르소리움 (Tersorium)
배변 후 뒤처리에 사용된 스펀지 달린 봉.

2,000년 넘게 버틴 로마 콘크리트의 내구성

인슐라의 고층은 목재와 점토로 증축되어 약했으나 저층은 벽돌과 콘크리트로 지어져 있어서 튼튼했다. 당시의 콘크리트는 지금과 달리 주성분인 화산재에 석회, 모래 등을 섞어 만든 고대 로마의 발명품이었다. 로마 콘크리트는 경기장인 콜로세움이나 거대 돔을 떠받치는 신전인 판테온 등 고대 로마를 대표하는 건물에 쓰였으며 2,000년 이상이 지난 지금도 형태를 유지하고 있다.

① 형틀에 모르타르를 어느 정도 부어 넣는다.

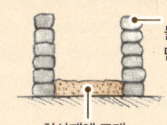
- 돌과 벽돌로 만든 형틀
- 화산재에 모래, 석회 등을 섞은 것

② ①의 위에 돌멩이, 모래, 자갈 따위를 깐다.

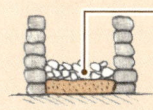
- 돌멩이, 모래, 자갈

③ ②의 틈을 모르타르로 메운다 (콘크리트 완성).

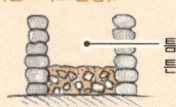
- 틈이 메워져 튼튼해진다.

135

열심히 일하고 잘 먹고 잘 놀았던
로마 시민의 하루

새벽에 동이 트면 로마 시민의 하루가 시작되었다. 가족 모두 잠자리에서 일어나 라라리움 앞에서 기도하고 가벼운 조식을 먹은 다음 가족을 돌봐주는 권력자에게 인사하러 나섰다. 이것을 '표경 방문'이라 한다.

고대 로마인은 누구나 자신보다 재산이 많거나 지위가 높은 파트로누스(Patronus, 보호자)에게 생활을 지원받는 대신 노동력을 제공하거나 정치 활동을 지원하는 식의 사적 보호 관계를 맺고 있었다. '빵과 서커스'도 이 상호 부조의 이념에 기초한 현상이었다. 그래서 표경 방문을 한 사람은 파트로누스에게 스포르툴라(Spórtŭla, 식료품과 소액의 돈)를 받았다. 그때 받은 식료품은 바로 먹어도 되고 하루 이상 보관했다가 먹어도 되었다. 시장에서 팔 수도 있었다. 로마 시민 대다수는 집세를 벌기 위해 일했으며 종사하는 직종은 소매업, 음식업, 서비스업, 제조업까지 다양했다고 한다.

폼페이 포룸 약도
포룸을 둘러싸듯 공공시설과 시장, 신전이 지어진 것을 보면 여기가 정치, 상업, 종교의 중심지였음을 알 수 있다.

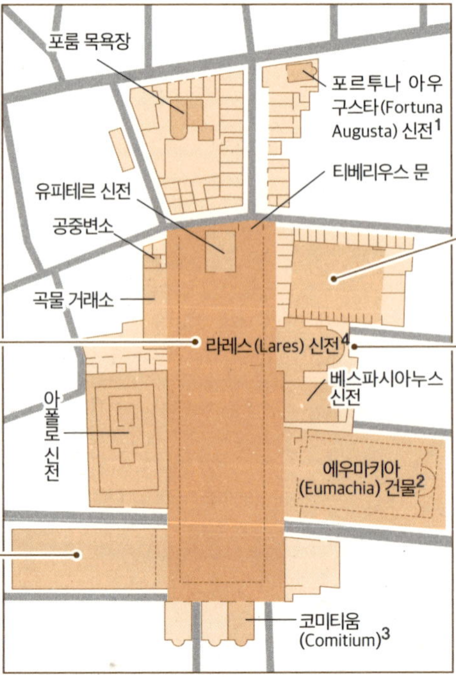

포룸
로마인이 모이는 공공 광장. 마차 진입이 금지되어 있어 부유층은 가마를 이용했다. 가마를 타고 포룸을 왕래하는 것이 성공의 상징이었다.

바실리카
재판과 상거래 등에 사용된 공회당.

12:00 포룸으로
일을 오전에 끝내는 것이 엘리트의 미덕이었다. 일이 끝나면 일단 포룸으로 가서 점심을 먹는 시민이 많았다. 음식점에서 배를 채운 후 종일 포룸을 어슬렁거리는 사람도 있었다.

시장
식재, 양모, 건축용 석재 등 무엇이든 구할 수 있었다.

신전
주신 유피테르와 태양신 아폴로에 대한 신앙심이 두터워 신전에서 신탁을 받는 것을 생활의 일부로 여겼다.

지도 라벨: 포룸 목욕장, 포르투나 아우구스타(Fortuna Augusta) 신전[1], 유피테르 신전, 티베리우스 문, 공중변소, 곡물 거래소, 라레스(Lares) 신전[4], 베스파시아누스 신전, 아폴로 신전, 에우마키아(Eumachia) 건물[2], 코미티움(Comitium)[3]

1. 행운과 성공의 여신 '포르투나'와 황제의 힘을 의미하는 '아우구스타'를 결합시킨 포르투나 아우구스타 신을 모신 신전.
2. 폼페이 명문 귀족의 딸이자 여사제인 에우마키아가 1세기 초반에 돈을 대어 지은 건물. 정확한 용도는 아직 밝혀지지 않았으나 건물 정면에 '에우마키아가 지은 건물'이라 새겨져 있다.
3. 로마 공화정 시대의 합법적 민회인 코미티아(Comitia)가 열린 정치 집회소.
4. 집의 수호신 라레스를 위한 신전. 라레스는 조상과 동일시되었으며 재산과 가족을 보호하는 신으로 여겨졌다.

5 로마 시민의 생활과 문화

파트로누스(보호자)
사회적, 법적, 재정적으로 지원해 주는 후원자.

지지 — 잡무 처리, 호위 등의 노력을 제공하고 투표 등 정치 활동을 지지했다.

지원 — 일감을 구해 주고 법정에서 변호해 주고 식료품과 금전을 지원했다.

정육점
생명을 죽이고 피 흘리는 일이라 기피했다.

남성은 대부분 목수, 대장장이, 구두장이, 제빵사 등 제조업에 종사했으며 여성은 미용사, 직물 제조사 등 전문성 높은 일을 했다. 음식업 종사자는 사회적 지위가 낮다는 편견이 있었다.

크리엔테스 (Clientes, 피보호자)
권력자가 보호해야 할 지위 낮은 자, 가난한 자

부유층은 도무스에서 연회(→126쪽)를 열어 사교 활동을 했다. 일반 시민이 여기에 초대될 때도 있었으므로 호화로운 식사를 즐기고 싶어서 테르마이에 자주 들러 상류층과 대화하려는 사람도 있었다.

6:00 기상
일출 전 노예가 깨우면 기상한다.

8:30 표경 방문
아침을 먹은 후 신세 지는 파트로누스에게 인사하러 간다.

(파이 차트: 조식, 일, 중식, 여가, 석식, 연회, 수면)

18:00 취침
일반 시민은 저녁 식사 후 일몰 전에 잠자리에 들었다.

16:30 테르마이
집에 욕조가 없는 일반 시민은 공중 목욕장에서 목욕했다.

오후부터는 콜로세움에서 검투사 시합에 열광하거나 극장에서 음악과 연극을 즐기거나 도박을 하는 등 제각각 여유롭게 보냈다. 그중에서도 주사위를 활용한 게임에는 시민뿐만 아니라 황제도 열중했다고 한다.

주사위 게임
주사위를 이용한 보드게임이나 주사위 숫자를 맞히는 도박을 즐겼고 점술에도 주사위가 쓰였다.

탈리(Tali)
고대 로마인에게 사랑받은 주사위 게임.

일은 오전에 끝냈다

노동은 해 뜨고 나서 점심때까지 4~6시간 만에 끝내고 오후에는 여가를 즐기는 것이 시민의 이상으로 여겨졌다. 하지만 그 이상을 실현할 수 있었던 사람은 부유층이나 도시에 사는 시민들뿐이었고 빈곤층이나 노예는 해가 질 때까지 일한 듯하다.

로마 시민들의 생활을 지탱한
노예 제도

전쟁에 몰두했던 고대 로마인은 패전국에서 전리품으로 보물, 가축, 특산물만 얻은 것이 아니었다. 사로잡은 병사와 적국의 인민 등 전쟁 포로도 전리품이었다. 이들 중 건강한 남성은 육체노동, 건강한 여성은 가사, 육아 등 일상의 노동을 담당하는 노예가 되었다.

당시 로마 시민에게 노예란 '사람의 말이 통하는 편리한 가축'이었다. '누군가의 소유물'로 법에 규정되어 있었으므로 노예를 매매하는 것은 물론이고 살해하는 것도 죄가 되지 않았다. 만약 노예가 부정행위를 하거나 말을 듣지 않으면 주인의 재량으로 벌을 줄 수 있었다. 결혼도 주인이 허락해야 할 수 있었고 주인이 여성 노예를 임신시키면 그 아이도 노예가 되었다. 1세기경 로마의 인구 중 30%가 노예였을 것으로 추정된다.

인구의 약 30%를 차지한 노예들

이탈리아반도의 인구 중 30% 가까이가 노예였을 것으로 추정되는데 특히 로마시의 노예 비율이 가장 높았던 듯하다. 갈리아나 그리스 등 서방 속주나 동방 속주에서도 노예가 인구의 20~30%를 차지했지만 제국 전체로 보면 그 비중은 10% 정도였다. 노예의 가격은 시대에 따라, 또 노예의 특성에 따라 달라졌지만 성인 남성이 1천 세스테르티우스(Sestertius, 4인 가족의 연간 생활비에 상당하는 금액) 정도였다.

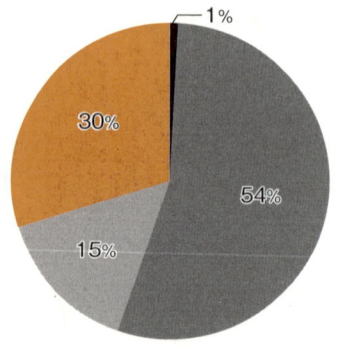

로마의 인구 비율 (기원전 1세기경)

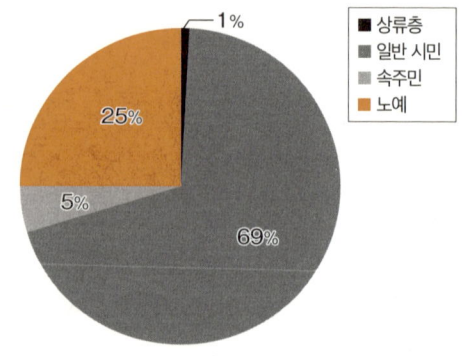

이탈리아반도의 인구 비율 (기원전 1세기경)

많은 노예를 부린 로마 시민들

원로원 의원을 비롯한 귀족 신분은 노예를 여럿 고용하여 신변의 일을 전부 맡겼다. 일반 시민도 노예를 살 수 있어서 제정기에는 1인당 1~2명을 소유하는 게 당연해졌다. 다만 일반 시민은 본인도 열심히 일해야 생활비를 벌 수 있었다고 한다.

원로원 의원
로마에서 가장 중요한 정치 기관의 구성원. 유서 깊은 가문의 귀족이 세습했다. 무급인 데다 일정한 자산이 있어야 들어갈 수 있었지만 한번 들어가면 다양한 특권을 누릴 수 있었다.

연설
원로원 의원에게 가장 중요한 기술. 대개 그리스인 노예를 가정 교사로 고용하여 배웠다.

노예 매매는 떳떳한 비즈니스

노예는 공공 광장에서 열리는 노예 시장이나 노예 상인으로부터 구입할 수 있었으며, 경매대에 진열된 노예들 중에서 골라 냈다.

전쟁 포로
교양 있는 그리스계는 고가로 거래되었으나 전투 능력이 뛰어난 게르만계는 난폭해 보여 인기가 없었다고 한다. 검은 피부의 아프리카계는 드물었던 듯하다.

노예 시장
가격은 4인 가족의 연간 최저 생활비 수준에서부터 그 2배 수준까지 다양했다. 여성과 아이보다 남성이, 건장한 농부보다 미소년이 비쌌다고 한다.

목에 걸린 명찰로 이름과 출신지, 신체적 특징 등을 확인할 수 있었다.

태생 노예
버려진 아이나 여성 노예의 자녀. 어려서부터 노예로 교육받아서 주인에게 충실하고 반항심이 없으며 다루기 쉬워서 인기가 많았다고 한다.

로마 시민
로마 시민이었지만 방탕하게 살다가 빈곤해져 자신을 파는 사람도 있었고 담보로 팔리는 사람도 있었다. 이런 노예는 자존심이 강해 다루기 어려웠다고 한다.

버려진 아이
제정기 이후에 새로 노예가 된 사람은 거의 버려진 아이였다. 직접 키울 수 없는 아이는 노예상에게 파는 것이 일반적이었다.

노예의 직업 격차

번거로운 가사나 잡무는 전부 노예의 일이었다. 전문 지식이 있는 노예는 가정 교사나 비서가 되었고 용모가 수려한 노예는 창부가 되기도 하는 등 특징에 따라 직업 격차가 있었다. 그중에서도 가장 가혹한 직업은 농부와 광부였다.

노예들 사이의 서열
노예를 많이 부릴 때는 다른 노예를 구속하고 감시하는 우두머리를 정했다. 이들은 도시에 사는 주인을 대신해 교외 농장을 경영하고 노예들 사이의 갈등을 중재하거나 다른 노예를 처벌하기도 했다.

● 가사
요리, 세탁, 재봉, 청소 등은 주로 여성 노예가 담당했다.

● 남창, 창부
미남미녀는 성적으로 착취당했다. 여성 노예가 낳은 아이도 노예가 되어 어릴 때부터 노예로 교육받으며 주로 주인 자녀의 몸종으로 일했다.

● 농부, 광부
수려한 용모도 지성도 없는 남성 노예는 교외에서 육체노동에 종사했다. 농부는 족쇄를 차야 했고 광부는 죄수 취급을 받았다.

● 가정 교사, 비서
교양 있는 노예는 가정 교사가 되어 주인에게 공부를 가르치거나 편지를 대필하거나 출납을 관리하며 주인의 일을 도왔다.

● 주인의 몸단장
꼼꼼한 여성 노예는 주인의 옷 갈아입기를 돕거나 여주인의 머리, 화장, 피부관리 등을 맡았다.

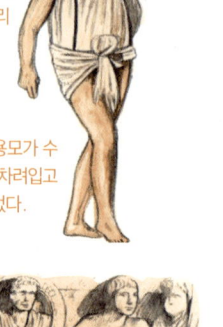

● 급사
남녀를 불문하고 용모가 수려한 노예는 옷을 차려입고 연회의 시중을 들었다.

로마인이 본 노예 — 노예는 성인이어도 그림에 종종 어린아이처럼 그려졌다.

돈을 내고 자유를 얻은 해방 노예

노동의 대가로 받은 소액의 보수를 모아 주인에게 해방금을 치르면 자유인이 될 수 있었다. 해방 노예는 상거래를 할 수 있었으므로 장사를 잘해 재산을 많이 모은 사람도 있었고 황제의 비서관 등 요직에 취임하여 권력을 쥔 사람도 있었다.

에픽테토스
그리스인 철학자로, 노예에서 해방된 후 교사가 되어 하드리아누스 황제가 방문했던 학교를 설립했다. 철학을 삶의 방식이라고 설파하였으며 그의 말을 모은 《어록(Discourses)》이 널리 읽혔다고 한다.

고대 로마 문명의 수준을 높인 전쟁 노예들
고대 로마인은 피지배국의 문화를 부정하거나 파괴하지 않았다. 오히려 뛰어난 점을 인정하고 산술, 의학 등 신기술을 보유한 속주민을 편리하게 활용했다. 특히 학문적으로는 철학에 조예 깊은 그리스계 노예에게 철학을 가르치게 해 시민의 지적 수준을 높였다고 한다. 고대 로마인에게 노예는 일상생활에 필요불가결한 존재였으며 전쟁 포로는 문화를 지탱하는 기술력 그 자체였다.

노예는 주로 주인과 주인 가족의 생활을 돌보는 일을 했지만 숫자를 계산하거나 글을 읽을 줄 아는 노예는 가정 교사나 비서 등 좋은 업무를 맡을 수 있었다. 다른 노예를 관리하는 감독 역할을 하는 노예도 있었다. 이처럼 다른 노예들에게 일을 배분하고 책임감과 보람을 부여하는 등 동료 노예를 지배하게 하여 주인에 대한 반항심을 억누를 수 있었다. 또 주인이 일의 성과에 따라 식사량을 늘려 주거나 포상으로 호화로운 식사를 하사하기도 했다. 로마인은 노예를 공포만으로 지배하지 않았다.

노예에게 무엇보다 큰 희망은 주인에게 해방금을 내면 자유인이 될 수 있는 '해방 노예 제도'였다. 주인은 노예에게 노동의 대가로 돈을 조금씩 주었는데 해방금은 일반적으로 그 돈을 차곡차곡 모아서 만들 수 있는 금액이었다. 다만 금액에 관한 규정이 없어서 주인의 마음대로 금액을 바꿀 수 있었으므로 자신에게 충실한 노예에게는 해방금을 적게 책정하고 반항적인 노예는 아무리 돈을 모아도 해방되지 못하게 만들 수 있었다. 문제를 심하게 일으키는 노예는 검투사로 팔아넘겨 다른 검투사나 맹수와 목숨을 걸고 싸우는 모습을 구경할 수도 있었다.

서로 죽이기 위해 길러진 검투사 노예

노동력으로 쓰인 가정 내 노예나 농부 등과 달리 검투사는 시민의 오락을 위해 목숨을 걸고 싸워야 했다. 검투사가 된 건장한 남성 노예는 무기를 받아 양성소에서 전투 훈련을 받고 경기장에서 동료 검투사나 맹수와 사투를 벌였다.

집회장
긴 테이블과 의자를 두어 다목적으로 사용했다.

훈련실
겨울철 훈련 장소. 바닥에 난방시설이 갖춰져 있었다고 한다.

훈련장
훈련에 쓰는 소형 원형 경기장. 관람석에서는 훈련 중인 검투사들을 지도하거나 거래할 검투사들을 검증했다.

관리사무소
양성소 입구가 있는 건물로 소유자 가족이 거주했다. 소유자에게는 검투사의 생살여탈권 등 전권이 있었다.

검투사 양성소
흔히 경기장 주변에 지어졌으며 훈련용 마당과 검투사 숙소가 포함되어 있었다. 로마 콜로세움 주변과 오스트리아 빈 근교에 유적이 있다.

거주 구역
검투사와 훈련사가 지내는 곳. 방 내부의 장식은 바꿀 수 있었다.

탈주와 반란
검투사들이 종종 탈주하거나 반란을 일으켰다. 고대 로마 최대의 노예 전쟁으로 불리는 스파르타쿠스의 반란(→24쪽)도 스파르타쿠스가 지내던 검투사 양성소에서 일어난 70명 규모의 작은 반란에서 시작되었다.

가부장제 안에서 자유를 모색한
여성의 생활과 교육

고대 로마는 압도적 군사력에 기반하여 발전한 만큼 완전한 남성 중심 사회여서 군무에 부적합한 경시했다. 여성은 어리석은 존재라는 것이 당시 사회 인식이어서 항상 아버지나 남편 등 가부장에 속해 있어야 했다.

여성의 재산권이나 행동을 제한하는 법률도 많았고 여성의 자유는 억압의 대상이었으며 여성의 주된 역할은 아버지가 정한 상대와 결혼하여 자녀를 출산하는 것이었다. 가정 밖에서 일하는 여성도 있었으나 기혼 여성 대부분은 집안 살림과 노예를 관리하는 일을 맡았다.

다만 초등교육이 시행된 후 풍부한 교양을 익힌 상류 귀족 여성 중에는 간혹 남편이나 아들의 지위를 이용하여 정치적 영향력을 행사한 사람이 있었다. 생명의 위험이 따르는 출산을 피하는 경향, 육아를 지루하고 피곤한 일로 여기는 풍조 때문에 상류층 여성은 이혼율이 높았다고 한다.

여성도 받을 수 있었던 초등교육

공화정 시대의 아동 교육은 가정 교사를 활용한 재택 교육이 기본이었고 특히 남자아이는 보통 그리스인 노예를 고용해 각별히 신경 써서 교육했다. 제정기 이후에는 초등학교가 도입되어 성별과 신분에 무관하게 누구나 초등교육을 받게 되었지만 중학교에는 부유층의 자녀들만 진학할 수 있었다.

파피루스(Papyrus)
수업에 쓰인 파피루스는 주로 이집트에서 수입되었다.

그리스인
그리스인을 문화적으로 존경했으며 그리스어 능력을 상류층의 교양으로 여겼다.

루두스 리테라룸(Ludus Litterarum, 초등교육)
7세부터 다닐 수 있었던 초등학교에서는 교사가 읽어주는 문장을 외우게 하고 알파벳 읽기, 쓰기 등을 가르쳤다.

글 읽기와 쓰기
교사가 읽어주는 파피루스 두루마리의 글을 암기하는 것이 주된 수업 내용이었다.

변론술
정치가, 변호사 등 사회적 지위가 높은 직업에 꼭 필요했던 기술로 15~16세의 부유층 자녀들이 배웠다.

계산
로마 숫자를 활용한 간단한 곱셈과 분수 계산법을 배웠다. 복잡한 계산에는 주판을 쓰기도 했다.

다언어
라틴어와 그리스어 문법을 배웠다. 교재로 키케로(→45쪽)의 작품이 쓰였다.

얌전하게 지내며 아이를 잘 키우는 여성을 선호한 사회

얌전하게 집안 살림을 관리하고 나라를 위해 자녀를 많이 낳는 여성을 이상적으로 여겼으므로 여성에게는 결혼과 출산이 거의 의무였다. 또, 여성은 공적 역할에서 배제되었으므로 정치적 영향력이 있는 요직에 오르기는커녕 투표조차 할 수 없었다.

결혼과 이혼

결혼은 양가의 부친끼리 정하는 것이 일반적이었으며 신분이 높을수록 정략적으로 이뤄졌다. 다만 이혼은 부부가 다 제기할 수 있었고 법적인 절차도 필요 없었다.

율리우스 혼인법
여성의 자유를 억압하는 법으로 초대 황제 아우구스투스가 제정했다.

● 간통, 혼외 성관계 금지법
여성의 부정행위를 단속하기 위해 제정한 법.

● 정식 혼인법
자녀 없는 부부에게 불이익을 주어 출산을 장려하는 법.

가부장

아버지는 가족과 노예의 생살여탈권을 쥐고 가정을 관리하며 지배했다. 이 특권은 무제한이어서 장성하여 요직에 오른 아들에게까지 적용되었다. 딸은 결혼하면 지배권이 남편에게 넘어갔다가 이혼하면 부친에게 반환되었다.

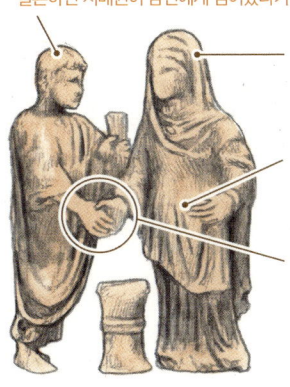

가문
신분과 직업에 맞게 결혼해야 했으며 모든 자녀는 어머니의 신분에 귀속되었다.

띠
신부 의상에 포함된 띠는 남편에게 속박되는 것을 상징했다고 한다.

오른손 결합
시중드는 사람이 신랑, 신부의 오른손을 합치는 '오른손 결합'으로 결혼식이 시작되었다. 그런 다음 결혼 서약서에 서명하고 반지를 교환한 후 피로연에서 식사나 여흥을 즐겼다.

남성 중심 사회에서 활약한 여성들

전쟁이 거듭되어 일손이 부족해지자 여성이 조금씩 공적 영역에 등장하기 시작했다. 시위와 행진으로 여성에 대한 제한을 일시적으로 해제하게 만든 사례도 있다. 역사에 이름을 남긴 여성은 거의 황제의 아내거나 유력 정치가의 아내지만 서민 여성 중에도 제빵사나 의사 등 전문직이 되어 남성 위주 사회에서 활약한 사례가 있었다.

아그리피나(→53쪽)
폭군 네로의 모친. 야망을 위해서라면 수단을 가리지 않은 악녀로 평가되나 뛰어난 교양을 갖춘 여성이었다. 실제로 네로는 아그리피나가 큰 영향력을 행사할 즉위 직후 5년 동안 보기 드문 선정을 펼쳤다고 한다.

셈프로니아(Sempronia)
소 스키피오의 아내. 코르넬리아의 자녀 중 요절하지 않은 유일한 자녀였다.

그라쿠스 형제(→23쪽)

코르넬리아
대 스키피오의 딸. 자녀가 12명이었는데 보통은 아버지가 담당했던 자녀 교육까지 도맡았다. 로마 최초의 문학 교류회를 개최할 만큼 총명했으며 동상이 세워졌을 정도로 현모로 칭송받았다. 남편과 사별한 후 이집트 파라오가 왕비로 맞고 싶다며 구혼했으나 거절했다는 일화가 있다.

외도, 동성애, 에로티시즘에 매료된
로마의 성 문화

영토 확대로 번영한 고대 로마는 건장한 전사를 더 많이 확보하기 위해 다산을 장려하는 사회였으므로 '끓어오르는 성 충동은 신의 선물'이라고 여겼다. 그래서 성욕이나 남근이 남성성의 상징으로 통했으며 남성 로마 시민에게는 성관계의 제한이 거의 없었다. 성관계 상대의 성별도 나이도 상관없었고 심지어 인간이 아니어도 괜찮았으며 설사 강간을 범해도 처벌받지 않았다. 당연히 외도나 부정은 일상다반사였고 매춘, 매음굴도 공적으로 인정받았다고 한다. 한편, 여성에게는 '성적 쾌락은 임신에 악영향을 준다'라며 결혼 전까지 순결을 지킬 것을 강요했고 불륜을 저지른 아내를 남편이 살해해도 문제가 되지 않았다. 그러나 나라가 안정되고 생활이 풍요로워지자 자녀 양육과 집안 살림을 위한 전통 규범보다 쾌락을 우선하는 풍조가 부유층을 중심으로 퍼지기 시작했다. 이처럼 사회 전체의 성도덕이 저하되자 여성들도 자유로운 성애를 즐기며 출산과 육아를 피하게 되었다. 이에 초대 황제 아우구스투스가 혼인의 질서를 강화하기 위해 여성의 간통과 혼외 성관계를 금지하는 '율리우스 혼인법'을 제정하여 아내의 부정을 중죄로 다스렸다.

여성은 불륜 금지

여성의 혼외 성관계가 금지된 것은 로마가 가부장적 사회여서 여성이 남성의 소유물로 여겨졌기 때문이다. 또 자녀의 신분이 어머니에게 귀속되었으므로 남성이 가문의 대를 이으려면 피를 이어받은 딸이 필요하기도 했다. 그래서 초대 황제 아우구스투스는 여성의 불륜을 단속하는 '율리우스 혼인법'을 제정했다.

간통 및 혼외 성관계를 금지한 율리우스 혼인법
부정을 저지른 여성을 중죄로 다스리는 법. 이 법의 적용을 받아 추방되거나 재산의 절반을 잃거나 재혼을 금지당한 여성도 있었다고 한다. 남성과의 부주의한 접촉을 방지하기 위해 여성의 공중목욕장 이용 시간과 극장의 이용 좌석을 제한하기도 했다.

아우구스투스의 딸 율리아
아우구스투스의 유일한 친자식이었던 율리아는 부친이 후계자로 점찍은 인물과 연달아 결혼했다. 아버지가 혈통을 잇기 위해 자신을 이용했음을 깨달은 율리아는 남편 외 불특정 다수의 남성과 관계를 맺었다. 그중에 아버지의 경쟁자도 있었으므로 아버지가 제정한 법의 적용을 받아 추방당했다. 그러나 시민들은 대체로 율리아를 동정했다고 한다.

포도주 두 잔 가격으로 창부를 살 수 있었다

아내에게서는 자녀를 얻고 창부에게서는 성애와 쾌락을 얻는다는 것이 당시 남성 로마 시민의 상식이었다. 황제의 아내가 창부를 겸했던 특이한 사례도 있었으나 당시 대부분의 창부는 노예였으므로 포도주 두 잔 가격인 2아스(As) 정도면 살 수 있었다.

폼페이의 루파나르(Lupanar, 매음굴)

2층 건물의 1층에서 손님을 받았다. 1층에는 창문 없는 방에 돌침대가 놓여 있었다. 당시 매음굴은 레저 시설처럼 인식되었으므로 공중목욕장의 선택 사항으로 창부를 부를 수도 있었다고 한다.

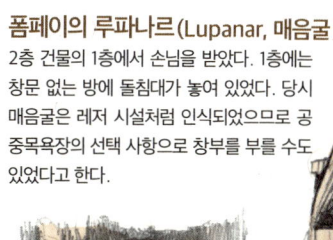

주거 — 2층에는 매음굴의 주인과 노예가 살았다.

객실 — 실내의 벽은 관능적 프레스코화로 장식되어 있었다. 벽에는 손님이 남긴 듯한 '왔다, 했다, 갔다' 라는 낙서와 방문한 날짜가 새겨져 있다.

표지 — 폼페이 시내 중심부의 복잡한 길 한구석에 매음굴이 밀집해 있었다고 한다. 가도에 깔린 돌에는 루파나르로 가는 길을 가리키는 남성의 상징이 새겨져 있다.

틴틴나불룸(Tintinabulum)

종소리가 마귀를 쫓는다고 믿었으므로 정원과 현관을 남근 모양 장식이 달린 풍경으로 장식하는 사람이 많았다. 효력을 높이기 위해 남근에 날개, 사자와 이리 등의 발이나 꼬리를 붙이기도 했다.

남근은 마귀를 쫓는 부적

고대 로마인은 생식 능력이 자손 번영, 나아가 국가 번영을 가져온다고 믿었으며 그 상징인 남근이 행운을 가져오고 악령을 떨친다고 믿었다. 따라서 뚜렷이 발기한 남근이 달린 모습으로 그려졌던 생식의 신 프리아푸스(Priapus)를 숭배했다. 프리아푸스는 부와 풍요를 관장하는 포도밭의 수호신이었으므로 벽화와 동상의 소재로도 자주 쓰였다.

황제의 총애를 받은 미소년 남창

부유층이 정체를 숨기고 일반 매음굴에 다니기도 했으나 칼리굴라 황제가 만든 궁정 내 매음굴처럼 부유층 전용으로 만들어진 고급 매음굴도 있었던 듯하다. 그런데 창부보다 남창이 더 비쌌고 미소년은 고급 기호품으로 통했다. 하드리아누스 황제도 남창인 안티노우스(Antinous)를 총애했다고 한다.

고대 로마의 동성애

동성애는 이성애처럼 자연스럽게 인식되었으므로 따로 지칭하는 말조차 없었다. 다만 남성은 자신보다 우위인 상대와는 관계를 갖지 않았으므로 남창은 덩치가 커지면 일을 그만두어야 했다. 여성의 동성애에 관한 자료는 거의 발견되지 않았다.

하드리아누스 황제의 애인 안티노우스

안티노우스가 하드리아누스 황제의 이집트 시찰 여행에 동행했다가 나일강에 빠져 죽는 일이 있었다. 이에 하드리아누스는 매우 슬퍼하며 안티노우스를 이집트의 저승 신 오시리스의 시종으로 신격화하고 나일강 강가에 안티노우스의 이름을 딴 마을을 건설했다고 한다.

타민족의 신까지 받아들여 폭넓게 발전한
로마의 종교

로마의 신들을 그리스의 신들과 동일시할 때가 많지만 로마의 신들은 원래 풍부한 개성도 일화도 없는 단순한 정령에 가까운 존재였다. 그런 막연한 신들을 믿었던 로마인에게는 예술성 높은 그리스 신화와 인간미 넘치는 그리스 신들이 아주 매력적으로 보였을 것이다. 그래서 고대 로마인은 그리스 신화를 통째로 받아들이고 그리스 신과 로마 신을 하나씩 결부시켜 독자적으로 발전시켰다.

또 고대 로마인은 그리스 외 다른 민족의 신들에게도 관용적이어서 이집트나 페르시아 등의 종교도 받아들였다. 여기에는 신앙의 자유를 인정하여 피지배국의 반발을 피하려는 의도도 있었을 것이다. 그중에서도 로마인에게 큰 인기를 끈 신이 페르시아에서 온 태양신 미트라였다.

고대 로마인은 신이 내린 신탁을 중시했으므로 신에게 국가적 위기부터 개인의 고민까지 모든 일에 관한 조언을 구하기 위해 일상적으로 신전을 찾았다. 이런 종교성은 점차 정치에도 영향을 미쳐 제정 이후에는 황제가 최고 신관을 겸하게 되었고 공적을 쌓은 황제가 신격화되기도 했다.

동방의 신까지 받아들인 로마

이집트에서 유입된 풍요의 여신 이시스(Isis)가 로마 여성과 해방 노예들 사이에 인기를 끌었으므로 폼페이 등에 이시스 신전이 세워졌다.

스핑크스(Sphinx)
반은 사람, 반은 사자인 모습으로 유명한 피라미드(Pyramid)의 수호신. 메소포타미아에서 여신으로 변했고 그 모습이 그리스를 통해 로마로 전해졌다.

따오기
지혜의 신 토트(Thoth)를 상징하는 새. 토트는 신비주의적 문화를 관장하는 마술의 신이었다.

시스트럼(Sistrum)
흔들면 짤랑짤랑 소리가 나는 악기. 마귀 쫓는 의식 등에 쓰였다.

이시스 신앙과 제사
이집트풍으로 장식된 이국적인 신전에서 거행된 제사는 장엄하고 신비로웠다고 한다. 이시스는 현모양처의 본보기여서 여성 신도가 많았으며 이시스 신앙이 이후 성모 마리아 신앙에도 영향을 미쳤다.

로마 신들에게 영향을 미친 그리스 신들

그리스 문화를 존경했던 고대 로마인은 그리스 신들과 신화를 로마 신에 그대로 적용했다. 관장하는 대상과 지위 등이 비슷한 그리스 신과 로마 신을 동일시하여 추상적인 개념에 머물렀던 로마 신에게 개성 있는 모습과 일화를 부여한 것이다.

마르스

로마의 군신 마르스는 청년의 이상으로 여겨졌다. 군대를 가장 중시한 로마인은 마르스에게도 위풍당당한 장군의 모습을 요구했다.

로마 신		그리스 신
명칭	개요	
유피테르	최고신, 하늘의 신, 3주신 중 하나	제우스
유노	최고 여신, 3주신 중 하나	헤라
미네르바	지혜의 여신, 3주신 중 하나	아테나
넵투누스	바다의 신, 물의 신, 말의 신	포세이돈
디아나	수목의 신, 수렵의 신, 달의 신	아르테미스

아레스

그리스의 군신 아레스는 광란과 파괴 등 전쟁의 부정적 측면을 관장했으므로 풍토가 온화한 그리스에서는 인기가 없었다.

로마 신과 그리스 신은 똑같을까?

주신 제우스와 유피테르처럼 특성이 대체로 일치하는 신들도 있었지만 전쟁의 여신 아테나와 지혜의 신 미네르바처럼 다소 억지로 결부된 신, 군신 아레스와 마르스처럼 인상이 전혀 다른 신도 있었다.

베누스(비너스)

봄을 관장하는 로마 신. 미와 사랑을 관장하는 그리스 여신 아프로디테와 동일시되었다. 카이사르가 베누스를 가문의 신으로 삼았으므로 이후 황제의 직위와 밀접한 신이 되었다.

쿠피도(큐피드)

사랑의 신. 동일시된 그리스 신 에로스는 날개 달린 건장한 청년이었지만 로마에 와서 베누스의 어린 아들로 변했고 나중에 그리스도교의 천사가 되었다.

신에게 정조를 바친 베스타의 처녀

'베스타의 처녀'란 화덕의 여신 베스타를 섬기던 무녀를 말한다. 상류층 소녀 중 제비 뽑힌 6명이 베스타의 처녀가 되어 정조를 맹세하고 성스러운 불꽃을 지켰다. 30년간 이렇게 봉사하면 다양한 권리를 누릴 수 있었으므로 최고 신관 못지않은 명예직이자 고대 로마의 여성이 출세하는 유일한 길이었다.

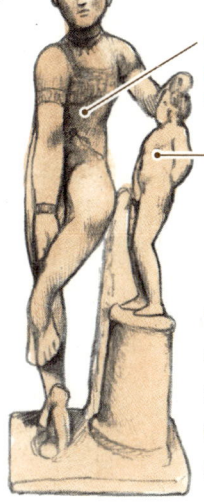

베스타

밭의 수호신이자 화덕의 여신. 그리스 화덕의 여신인 헤스티아와 결부되었다. 가로등이 없었던 고대 사람들은 어둠을 밝히고 식료품을 덥히는 불을 매우 신성시했다.

삶은 한순간, 죽으면 '무'로 돌아간다고 믿은
로마인의 장례와 묘지

고대 로마인은 사람이 죽으면 '무(無)'로 돌아간다고 생각했다. 당시 로마인의 평균 수명은 20~25세였고 유아 사망률도 30% 이상이었다. 특히 열악한 생활 환경에서 만성 영양실조 상태로 살았던 서민들은 일상적으로 죽음을 느꼈을 것이다. 향락적으로 보이는 상류층의 생활에서도 '어차피 죽을 거라면 지금을 즐기자'라는 달관한 분위기가 느껴진다.

고대 로마인은 혼이 남아 있더라도 망자의 인격이 유지되지 않는다고 믿었으므로 '영혼 불멸'이라는 개념에 그다지 관심이 없었던 듯하다. 오히려 현생의 명예를 예민하게 의식한 듯 이름이 새겨진 묘비를 소중히 다뤘다. 다만 적절하게 애도하지 않으면 망자가 악령이 된다고 믿었으므로 신분을 불문하고 장례를 치러 묘를 만들었으며 제삿날이나 기념일이면 가족의 묘에서 연회를 열고 망자에게 음식을 바쳤다고 한다.

황천 건널 뱃삯을 입에 넣어 묻었다

격차가 큰 신분 사회였지만 묘비에는 빈부귀천의 구분이 없어서 노예였어도 이름을 제대로 새겼다. 부장품을 묻는 관습은 없었고 저승의 강인 황천을 건너는 뱃삯으로 입속에 동전 하나만 넣어 주었다고 한다. 부유층에게는 대리석이나 석회로 만든 관이 쓰이기도 했다. 대리석과 석회가 유체를 빨리 분해하여 뼈만 남긴다고 믿었기 때문이다.

묘비
묘비에는 이름과 유언, 고인의 초상을 새겼다. 기성품 묘비가 발굴되었으니 묘비 전문 석공도 있었을 것이다.

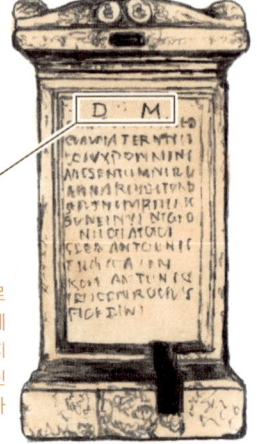

DIS MANIBUS
'저승의 신들에게'를 뜻하는 말로 'DM'으로 축약되어 모든 묘비명 앞에 새겨졌다. 'NF NS NC(나는 존재하지 않았다, 나는 존재하지 않는다, 나는 신경 쓰지 않는다)'라는 말도 묘비에 자주 새겨졌다.

장례 절차
신분에 따라 달랐으며 상류층일수록 성대한 장례를 치렀다.
① 사망이 확인되면 유족이 고인의 이름을 일제히 불렀다.
② 유체를 정중하게 닦은 뒤 얼굴에 화장을 하고 몸에 향유를 뿌렸다.
③ 황천 뱃사공 카론(Charon)에게 뱃삯으로 줄 동전 하나를 입에 넣은 뒤 매장하는 날까지 안치했다.
④ 유체를 매장용 가마에 실어 묘지로 날랐다. 유력자의 장례는 많은 손님을 모시고 성대하게 치러졌다. 우는 여자와 악사를 부르기도 했다.
⑤ 묘소에 도착하면 유체를 관이나 항아리에 넣어 땅에 매장했다. 가난한 사람은 관 없이 그대로 묻었다.

누구에게나 평등하게 찾아온 '죽음'

평균 수명이 짧고 유아 사망률이 높았던 고대 로마에서 죽음이란 빈부를 막론하고 누구에게나 당연히 찾아오는 일이었다. 고대 로마인은 '죽으면 무로 돌아간다'라고 믿었으므로 전쟁에 승리했을 때나 호화로운 식사를 할 때도 죽음의 그림자를 의식했던 듯하다.

'메멘토 모리(Memento mori)'
연회장에서 발굴된 모자이크화에 새겨진 말로 '죽음을 기억하라'라고 번역된다. 당시 로마에서는 경고로 쓰여, 정복지의 전리품을 자랑하며 개선 행진을 할 때 장군 뒤에서 따라가던 노예에게 이 말을 외치게 했다. 예술의 주제로도 자주 쓰였다.

해골
'죽음' 이나 '메멘토 모리'의 상징으로 자주 쓰였다.

홀과 망토
부와 권력을 상징하지만 여기서는 상류층 또는 부유층임을 드러낸다.

나비
'헛됨'의 은유.

지팡이와 배낭
빈곤 또는 빈자를 상징한다.

피라미드에 빵 가마가? 독특한 거대 묘

거대한 묘의 주인은 주로 황제나 집정관 등이지만 간혹 부자가 된 해방 노예일 때도 있다.

에우리사케스의 파나리움(Panarium of Eurysaces)
파나리움(빵 가마)을 본뜬 이 건축물은 빵집으로 성공한 해방 노예 에우리사케스의 묘다. 둥근 구멍이 상하로 세 개씩 뚫린 부분은 밀가루 계량기 또는 빵 반죽을 개는 용기를 본뜬 것으로 보인다.

가이우스 케스티우스(Gaius Cestius)의 피라미드
집정관 가이우스 케스티우스의 묘. 높이가 약 37m나 되는 피라미드 형태의 거대한 영묘다. 바깥쪽은 흰 대리석으로 덮여 있고 후대의 교황 알렉산데르 7세(Alexander PP. VII)가 보수 공사를 진행했다는 기록도 남아 있다.

하드리아누스의 산탄젤로 (Sant'Angelo) 성
오현제 중 하나인 하드리아누스의 영묘. 카라칼라 이전의 황제들을 화장하고 남은 재가 여기에 모여 있다. 현재 보이는 것은 르네상스 시대 이후에 보수를 거친 모습이다.

한걸음 더 5

위대한 학자가 남긴 책
플리니우스의 《박물지》

로마에서는 그리스의 영향을 크게 받아 학문도 발전했다. 그런 영향으로 탄생한 로마의 학자 중에서도 위대한 박물학자로 잘 알려진 사람이 가이우스 플리니우스(Gaius Plinius Secundus)다.

플리니우스는 베스파시아누스 황제의 측근으로 《박물지(Naturalis historia)》를 집필했다. 《박물지》는 플리니우스가 이전 학자의 연구 성과나 본인의 조사 결과를 바탕으로 편찬한 사전으로 총 37권이나 된다. 이 책에는 동식물, 광물 등의 특징과 사육 방법, 우주의 구조, 천체의 움직임, 바람과 우레 등 기상 현상을 비롯한 다양한 자연 현상이 나와 있으며 유니콘[1]이나 페가수스[2] 등 가공의 생물도 등장한다. 또 농작물 키우는 법이나 약초의 효능, 귀금속 채굴 방법 등 미학적 내용도 포함되어 있다.

이처럼 《박물지》에서는 자연과학 외에도 다양한 분야를 다루었다. 심지어 역대 황제의 삶, 지중해 주변에서 중국까지의 지리, 당시 로마인의 문화나 풍습 등 인문학 분야까지 망라했다.

그러나 플리니우스는 79년에 폼페이를 하룻밤에 파멸시킨 베수비오 대분화에 휘말려 사망했다. 인명을 구조하려 했는지 미증유의 재해를 관찰하려 했는지는 알 수 없지만 어쨌든 재해 지역에 근접해 화산 가스를 들이마신 탓이었다.

조카 역시 플리니우스라는 이름이었으므로, 둘을 구별하기 위해 '대 플리니우스'라 불렸다.

해군 제독답게 베수비오산 분화 때 구조선을 인솔했다.

《박물지》의 내용
생물, 광물, 농업, 의학, 역사, 지리, 풍속, 예술 등 다양한 내용을 다루었다.

권수	내용
1	미래의 로마 황제 티투스에게 바치는 서문, 목차, 참조한 연구자 목록
2	우주와 기상 현상
3~6	지중해 세계를 비롯한 각지의 기후, 지형 등
7	카이사르 등 위인의 삶, 인간의 생애(탄생과 죽음), 당시의 문화
8~11	동물의 생태, 인간 신체의 구조
12~17	식물의 생태, 재배 방법
18~19	농사 방법, 작물에 관한 일화
20~27	식물(특히 약초)의 효능, 약 만드는 법
28~32	동물성 재료로 약 만드는 법과 그 효능, 병의 종류와 대처법
33~37	금속, 광물, 화폐, 보석을 다룬 예술가와 그의 작품 소개, 건축물 소개

1. 일각수(一角獸). 인도·유럽 신화에 등장하는 말로 이마에 뿔이 하나 있다.
2. 그리스 신화에 등장하는 날개 달린 말.

제 6 장

소생하는 도시 폼페이

베수비오 화산 분화의 비극과
발굴 조사

폼페이는 이탈리아 나폴리 근교에 있는 로마 제국의 고대 도시로 베수비오 화산이 분화하여 멸망한 것으로 잘 알려져 있다. 그러나 당시 폼페이 사람들은 베수비오산을 '마을을 내려다보는 거대한 언덕'으로만 생각했고 화산인 줄 거의 몰랐던 듯하다. 정상에는 울창한 나무숲이, 산 중턱에는 포도밭과 올리브밭이 펼쳐져 있었기 때문이다. 폼페이에는 포도 산업으로 부를 얻은 귀족이 많았으니 시민에게 베수비오산은 마을의 산업을 지탱하는 친근한 존재였다. 그러나 62년에 비극의 전조가 있었다. 이탈리아반도 내륙에서 대지진이 발생하여 폼페이가 치명적 피해를 입은 것이다(폼페이 지진). 산업의 부흥이 지지부진한 가운데 지진으로부터 17년이 지난 79년 8월 24일에 베수비오산 대분화가 일어났다. 갑자기 폭발음이 울리더니 베수비오산 정상에서 화산재와 화산 자갈 등이 분출되어 폼페이 마을에 쏟아진 것이다. 너무 갑작스러운 일이라 사람들은 피할 새도 없이 단 하룻밤 사이에 6m 높이의 화산재에 묻혔다. 약 1만 명이 살던 도시가 이렇게 멸망했다. 그 후 폼페이는 약 2,000년 동안 분화의 순간을 간직한 채 땅속에 잠들어 있었다.

폼페이는 이탈리아 나폴리 근교의 도시로 현재 인구는 약 2만 명이다. 이곳의 유적은 세계 유산으로 인정받아 지금도 발굴 중이다.

화산재와 화산 자갈이 쏟아지고 용암이 산등성이를 흘러내렸다.

고대 도시 폼페이는 나폴리 만 동쪽에 면하고, 베수비오산 남쪽 기슭에 위치해 있었다.

폼페이 거리에 순식간에 6m나 되는 화산재가 쌓였다.

폼페이 발굴

1748년, 스페인에서 온 데 알쿠비에르(Roque Joaquín de Alcubierre)라는 측량 기사가 폼페이를 본격적으로 발굴하기 시작했다. 발굴 제2기인 1860년대에는 고화폐 전문 학자인 주세페 피오렐리(Giuseppe Fiorelli)가 총감독을 맡아 발굴 작업을 더 진전시켰다.

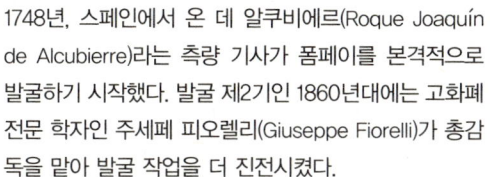

화산재층 안에 갇혀 있던 희생자의 유해가 서서히 분해되어 생긴 빈 곳에 석고를 물로 갠 용액을 부어 형틀을 만든다.

발굴 제2기부터는 이런 방법으로 재에 갇혀 있던 당시 사람들의 모습을 재현할 수 있었다.

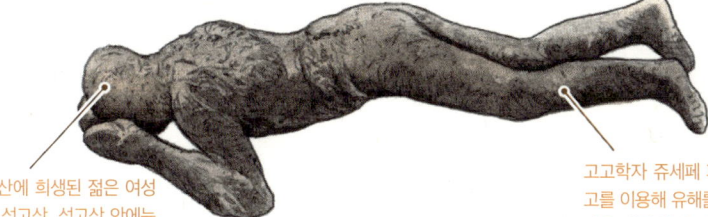

화산에 희생된 젊은 여성의 석고상. 석고상 안에는 유골도 들어 있다.

고고학자 쥬세페 피오렐리가 석고를 이용해 유해를 재현하는 방법을 개발했다. 덕분에 분화가 일어난 순간의 장렬한 모습을 실감 나게 재현할 수 있게 되었다.

다양한 유물

빵

탄화한 빵. 보통 이렇게 8조각으로 나누어 팔았던 듯하다. 당시 폼페이에는 빵집이 34곳이나 있었다.

냄비

출토된 청동제 편수 냄비. 응회암과 결합한 상태로 발굴되었다.

도시의 다양한 기능을 담은
폼페이의 도시 계획

폼페이는 캄파니아(Campania)[1] 지방의 베수비오산 남쪽 기슭에 있다. 다른 고대 로마 도시와 같이 동서남북으로 뚫린 도로를 직각으로 교차시켜 바둑판처럼 규칙적으로 구획한 것이 특징이다. 길이 돌로 깨끗하게 포장되어 있고 건널목이나 공동 수도 등 시설이 잘 갖춰진 것으로 보아 당시 도시 설계의 수준이 높았음을 알 수 있다. 도시 계획 단계에서는 로마에 특별히 큰 영향을 받은 것 같지 않지만 기원전 91~88년의 동맹시 전쟁에 패배해 로마에 항복한 후로는 서서히 로마의 문화와 제도 등을 답습하여 도시를 점점 편리하게 개선한 듯하다. 참고로 폼페이는 공공시설 구역과 주거 구역이 나뉘어 있었다. 공공시설은 주로 남서부, 즉 도시 중심부의 공공 광장(포룸) 주변, 남부의 삼각 광장 주변, 남동부의 원형 경기장 주변 등 세 구역에 집중되어 있었다.

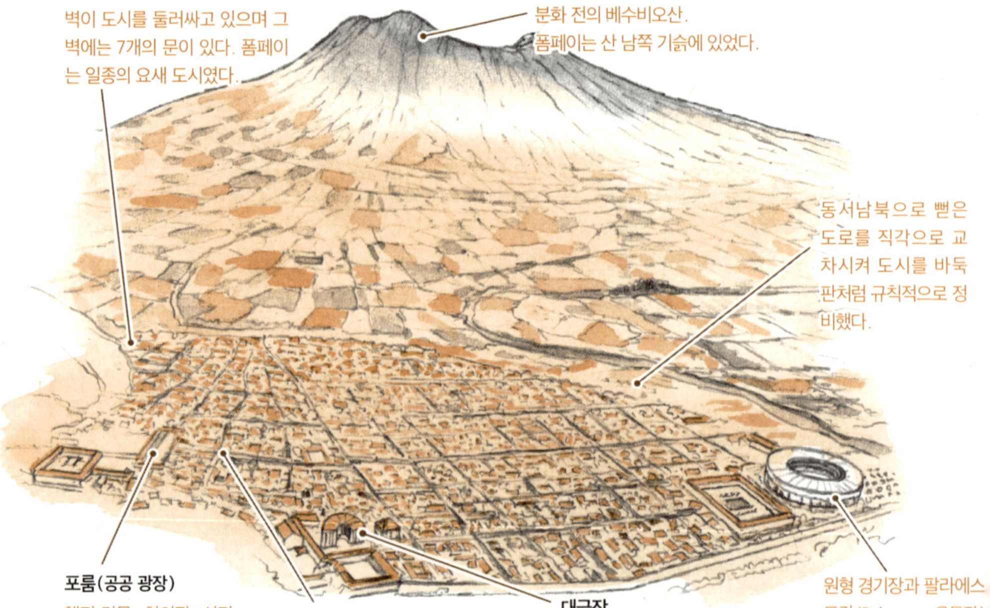

벽이 도시를 둘러싸고 있으며 그 벽에는 7개의 문이 있다. 폼페이는 일종의 요새 도시였다.

분화 전의 베수비오산. 폼페이는 산 남쪽 기슭에 있었다.

동서남북으로 뻗은 도로를 직각으로 교차시켜 도시를 바둑판처럼 규칙적으로 정비했다.

포룸(공공 광장)
행정 건물, 회의장, 신전 등이 모여 있다.

대극장
관객석은 계단식이어서 대략 2만 명을 수용할 수 있었다.

나중에 고고학자들이 도시 내부를 9개 구역으로 나누었다.

원형 경기장과 팔라에스트라(Palaestra, 운동장)

1. 이탈리아 남부의 나폴리 주변 지역. 예로부터 비옥한 평야 지대로 유명했으며 기원전 5세기경부터 로마의 지배를 받았다.
2. 기원전 91~88년에 이탈리아반도의 동맹시 연합이 로마 공화국에 반란을 일으켜 발발한 전쟁. 지중해 제국으로 발돋움한 로마가 새 영토를 로마 시민과 원로원에만 분배하고 신규 시민권 발급까지 중단하여 불만이 높아진 상황에서 동맹시 대상의 시민권 발급 확대를 주장하던 호민관 드루수스가 살해당하자 쌓여 있던 불만이 폭발한 동맹시들이 '이탈리아 공화국'을 결성하고 전쟁에 돌입했다.

폼페이의 공공시설

폼페이의 공공시설은 고대 로마 도시의 기본적인 구조를 따르고 있다. 남동부에는 거대한 원형 경기장과 팔라에스트라(운동장)가 있었다.

원형 경기장과 팔라에스트라

폼페이의 원형 경기장은 현존하는 원형 경기장 중 가장 오래된 것이다. 바로 옆에는 팔라에스트라가 있었다.

로마의 원형 경기장에는 지하 시설이 있었지만 폼페이 원형 경기장에는 지하 시설이 없다. 여기서는 검투사 시합 등의 행사가 진행되었다.

중앙의 웅덩이는 연습용 수영장이어서 바닥에 경사가 있었다고 한다.

약 140×140m의 크기.

팔라에스트라 주변에는 주랑이 있었다.

폼페이시의 인구보다 더 많은 2만 명을 수용할 수 있었다. 관객석의 좌석에는 위로 갈수록 서민 등 낮은 신분의 사람이 앉게 되어 있었다.

바실리카

경제의 중심이었던 바실리카. 상업 시설 또는 시민 재판소로 이용됐다.

폼페이의 공공시설 중 가장 오래된 건물. 면적은 약 55×24m였다고 한다.

차도와 보도가 구분된 길

보도와 차도가 따로 포장되어 있었으며 보도가 차도보다 30cm쯤 높았다. 차도에 남은 바퀴 자국이 마차가 달렸다는 사실을 증명한다.

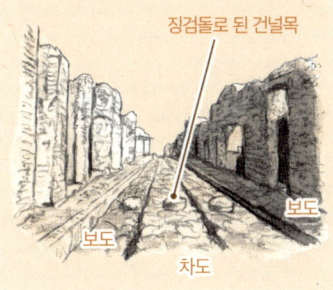

징검돌로 된 건널목

보도 / 차도 / 보도

도시 폼페이의 번영을 상징하는
변화한 공공시설

폼페이 남쪽 구역에는 다양한 공공시설이 모여 있었다. 그중에서도 특히 번화했던 곳이 '포룸'으로 불린 공공 광장이었다. 종교, 경제, 정치의 중심이었던 포룸에는 시민뿐만 아니라 여행자 등 폼페이에 있는 모든 사람이 모여들었다. 기원전 3~2세기경에 완성된 직사각형 광장에는 열주가 늘어섰고 열주 뒤의 보행 주랑(Portico, 포르티코)에서는 상인들이 상품을 늘어놓고 팔았다. 마차는 포룸에 출입할 수 없었으므로 사람들은 이 보행자 천국을 자유롭게 누볐다. 시민의 생활을 지탱하는 공공시설들은 베수비오산을 배경 삼아 포룸을 둘러싸는 형태로 정렬해 있었다. 포룸의 서쪽에는 아폴로 신전과 경제의 중심이었던 바실리카가 있었고 북쪽에는 유피테르 신전이 있었으며 그 뒤에 포룸 공중목욕장이 있었다. 폼페이의 공중목욕장은 그 외에도 스타비아이(Stabiae) 목욕장 등 몇 곳이 더 있었다.

포르티코
보행 주랑. 상인들이 여기에 상품을 늘어놓고 팔았을 것이다.

폼페이의 번영을 상징하듯 번화했던 광장. 유사한 시설로 삼각 광장이 있다.

포룸(공공 광장)
신전, 바실리카, 목욕장 등 공공시설이 즐비했으므로 여기서 웬만한 용무를 다 해결할 수 있었다. 그래서 포룸은 늘 시민들로 북적였다.

포룸은 면적이 38×142m 쯤 되는 광장이었다.

시민 생활을 지원한 공공시설

폼페이의 시민들은 다양한 공공시설을 이용하며 쾌적하게 생활했다. 그중에서도 시민에게 친숙했던 곳이 아폴로 신전과 공중목욕장이다.

아폴로 신전

기원전 6세기경에 지어진 듯하다. 폼페이에서 가장 오래된 건물이자 폼페이 종교의 중심이었지만 시민들이 아폴로 신앙을 잃은 후 유피테르 신전에 관심을 빼앗겼다.

'소를 쏘는 아폴로'의 청동상. 아폴로는 그리스 신화에 등장하는 제우스의 아들로 예술과 예언의 신이자 양치기의 수호신이다.

48개의 원기둥으로 이루어진 콰드리포르티코(Quadriportico, 사각 주랑)로 둘러싸여 있다.

포룸 목욕장

포룸 근처의 공중목욕장. 신분에 상관없이 많은 사람이 모여들었다. 남녀의 입구가 따로 있었으며 남성용 목욕장이 더 컸다.

수반 반대쪽에 욕조가 있었다.

열욕실의 수반에서 온수와 증기가 뿜어져 나왔다. 여기서 몸을 덥히며 탕에 자리가 날 때까지 기다렸다.

스타비아이 목욕장

폼페이를 대표하는 목욕장이자 폼페이에서 가장 오래된 목욕장. 공공시설이 모여 있는 포룸 동쪽에 있다. 시민들은 온욕실에서 몸을 덥힌 후에 열탕에 들어갔다가 냉탕에 늘어갔을 것이다.

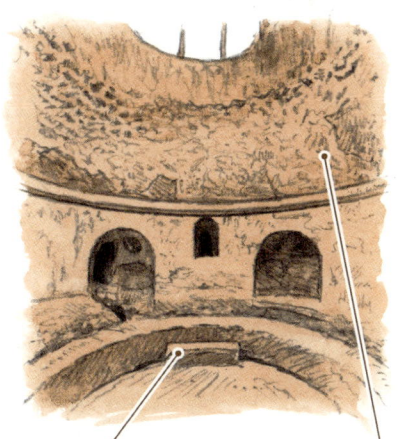

프리기다리움(냉탕). 온탕 다음으로 들어갔다.

둥근 천장과 벽에는 움푹 들어간 벽감이 있는데 그 안에 해양 동물이 그려져 있다.

개인 저택은 특권의 증거?
시민들의 주거

폼페이의 유적 중에서도 개인 저택들은 특히 보존 상태가 양호하다. 따라서 개인 저택의 실내 장식이나 가구 등을 통해 당시 부유층의 생활을 상세히 알 수 있다. 당시 폼페이에서 개인 저택을 갖는 것은 부유층의 특권이었기 때문이다. 저택의 구조는 다양하지만 가장 일반적인 것이 '아트리움형'이었다.

이 구조에서는 현관으로 들어가 복도를 지나면 저택의 중심인 아트리움이 나오고 그 안쪽에는 대개 타블리눔(객실)이 있다. 그다음에는 원기둥으로 둘러싸인 정원이 있는 페리스틸리움(안뜰)이 나오고 그 주변에 사적 공간인 거실과 침실, 그리고 식당 등이 있다. 중요한 공간의 벽에는 대개 그림이 그려져 있고 바닥에는 모자이크가 깔려 있다. 아트리움형은 거의 2층 건물이었다.

아트리움형 저택
널찍한 저택은 주인의 재력과 지위를 과시하는 수단이었다.

타블리눔(객실)

아트리움
집의 중심에 있는 큰 공간. 손님과 사업 이야기 등을 나누는 곳이기도 했다.

페리스틸리움(안뜰)

임플루비움(Impluvium, 수반)
아트리움에 설치된 빗물 저장용 수조.

계단

폼페이에 남아 있는 다양한 저택

폼페이에서는 당시의 저택들이 구조, 장식, 가구 등을 온전히 보존한 상태로 발굴되었다. 그중에서도 특히 대표적인 곳이 '파우누스의 집'과 '비극 시인의 집'이다.

파우누스의 집

폼페이의 개인 주택 중 최대 규모다. 아트리움에 파우누스(목축의 신)의 청동상이 있어서 '파우누스의 집'으로 불린다.

안쪽의 엑세드라(대화를 위한 공간)에는 알렉산드로스 대왕과 다리우스 3세(Darius Ⅲ)의 전투를 그린 모자이크화가 있다.

아트리움과 페리스틸리움이 둘씩 있는 대저택. 다양한 모자이크화가 남아있다.

임플루비움 중앙에는 저택 이름의 유래가 된 파우누스의 청동상이 있다. 지금 있는 것은 복제품이다.

수반의 바닥은 자잘한 모자이크로 되어 있다.

비극 시인의 집

파우누스의 집에 비해 소규모지만 전형적인 부유층 저택으로 신화를 표현한 그림이 많은 것이 특징이다. 아래 그림은 저택 내 아트리움을 재현한 것이다.

아트리움은 천장이 뚫려 있어 언제나 밝았다.

이 집은 19세기 중반에 발굴되었다고 한다.

타블리눔
객실. 저택 이름의 유래가 된 신화를 묘사한 그림이 걸려 있다.

맹견 주의

비극 시인의 집 현관 바닥에는 '맹견 주의(CAVE CANEM)'라는 글이 쓰인 모자이크화가 있다. 비슷한 작품이 로마 제정기에 많았는데 글을 못 읽는 사람이 많았던 시대여서 실감 나는 개 그림으로 방범 효과를 꾀하려 한 듯하다.

편리하고 풍요로웠던
폼페이인의 생활

미식으로 유명한 로마인처럼 폼페이 사람들도 풍부한 음식을 즐겼다. 특히 아침 일찍부터 일하는 폼페이인에게는 새벽부터 영업하는 빵집이 꼭 필요했다. 폼페이의 빵집은 분화로 화산재층에 묻혀 당시의 설비가 매우 양호하게 보존된 상태로 발굴되었다. 유적을 통해 빵집의 구조도 잘 알 수 있다. 당시 빵집에서는 용암으로 만든 맷돌을 여러 개 두어 밀을 가루로 빻은 뒤 반원형 가마에서 알맞게 구워 둥글고 큰 빵으로 만들었다.

폼페이 사람들은 자연의 혜택을 받아 빵뿐만 아니라 어패류, 과일, 채소 등을 배불리 먹었을 것이다. 수확한 채소는 시장이나 채소 가게를 통해 유통하고 판매했다. 도시에는 사람들의 생활을 지원하는 상점이 즐비했다.

또 길에는 상수도를 끌어다 만든 수조가 여기저기 놓여 있어 시민들은 언제든 신선한 물을 마실 수 있었을 것으로 추정된다. 이처럼 폼페이 사람들은 매우 쾌적하고 풍요롭게 생활했다.

가마
발굴 당시 가마에서 탄화한 빵이 81개나 출토되었다.

맷돌
용암석 두 개로 만든 것으로 노예나 당나귀에게 돌리게 해서 밀가루를 만들었다.

빵집
포피디우스 프리스쿠스(Popidius Priscus)의 빵집 유적. 아주 깨끗한 상태로 발굴되었다. 맷돌로 밀을 빻고 가마에서 빵을 구웠다.

시민의 일상에 도움이 된 것들

폼페이의 큰길에 늘어선 상점에서는 상인들이 채소 등 작물을 팔았다. 또 길 여기저기에 공동 수도가 정비되어 있어서 시민들이 언제든 목을 축일 수 있었다.

채소 가게
큰길에 늘어선 상점에서 농작물 등을 팔았다.

나폴리만에서 물고기가 잡혔으므로 폼페이 사람들은 생선을 자주 먹었다. 도미나 농어가 고급 생선으로 꼽혔다. 곰치도 인기 있는 생선이었다.

도시 주변에서 양파, 무, 향초 등 다양한 채소를 재배했다.

공동 수도
부자의 저택이나 포룸 목욕장 등 공중 목욕장에 상수도가 설치되어 있었으나 집에 수도를 끌어들일 수 없는 서민들을 위해 길에도 공공 수도를 많이 설치했다.

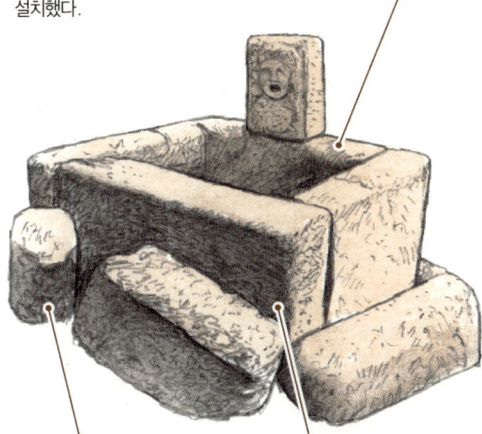

물을 마실 때 사람들이 손을 짚었는지 부조 옆부분이 움푹 파여 있다.

다양한 얼굴
공동 수도에는 다양한 부조가 새겨져 있다. 수도꼭지가 달린 곳도 있다.

여신의 부조
풍요를 관장하는 여신의 상. 어깨에 얹힌 것은 풍요의 뿔[1] 이다.

소의 부조
신에게 바치는 대표적 공물인 소를 표현했다.

수도관은 납으로 만들어졌다.

흘러내린 물은 도로의 하수용 도랑으로 배수했다. 하수는 폼페이의 지형에 따라 북에서 남으로 흘렀다고 한다.

1. 코르누코피아(Cornucopia). 풍요를 상징하는 고대 그리스의 장식물. 사람들은 뿔 안에서 무엇이든 원하는 대로 풍성하게 나온다고 믿었다.

디오니소스교의 의식을 그린 벽화가 있는
신비의 저택

폼페이 중심지에서 교외로 가는 길가에 '신비의 저택'이 있다. 이 저택은 포도주 양조업으로 성공한 부자의 별장으로 1909년부터 부분적으로 발굴되다가 1929년 이후 본격적으로 발굴되고 복원되었다. '폼페이 레드'로 불리는 선명한 빨강으로 칠해진 벽화가 이 저택의 가장 큰 특징인데 이 벽화에는 디오니소스(Dionysus, 바커스Bacchus)를 믿는 종교에 입교하는 과정이 그려져 있다. 디오니소스교는 그리스에서 유입된 밀교로 로마 제국에서는 질서를 어지럽힌다는 이유로 탄압받았다.

디오니소스는 그리스 신화에 나오는 풍요와 만취와 포도주의 신이다. 새빨간 배경 위에 29명이나 되는 인물이 등신대로 그려진 이 저택의 프레스코화는 방 입구의 왼쪽에서부터 이야기를 시작하여 의식의 각 순서를 다양하고도 섬세하게 표현했다. 보는 사람을 매료하는 이 빨간 벽화가 어떤 목적으로 그려졌는지 아직 수수께끼에 싸여 있으므로 수많은 폼페이의 유적 중에서도 특히 신비로운 유적이라 할 수 있다.

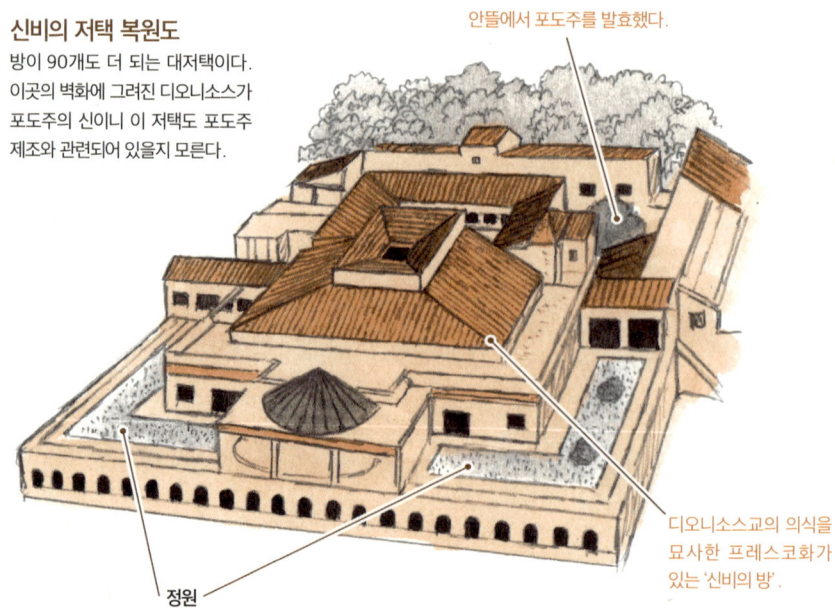

신비의 저택 복원도
방이 90개도 더 되는 대저택이다. 이곳의 벽화에 그려진 디오니소스가 포도주의 신이니 이 저택도 포도주 제조와 관련되어 있을지 모른다.

안뜰에서 포도주를 발효했다.

디오니소스교의 의식을 묘사한 프레스코화가 있는 '신비의 방'.

정원

'폼페이 레드'로 칠해진 벽화

'신비의 방'에 있는 프레스코화는 디오니소스교의 의식을 순서대로 묘사한 듯하다. 보는 사람의 눈길을 사로잡는 선명한 빨강(폼페이 레드)이 특징이다.

신비의 방
입교 의식의 순서를 29명의 인물로 표현했다.

정면 벽 중앙에는 디오니소스와 그 어머니 세멜레(Semele, 아내 아리아드네Ariadne라는 설도 있음)가 등장한다.

비밀스러운 입교 의식을 준비하는 모습과 입교를 앞두고 공포에 떠는 여성의 모습 등이 그려져 있다.

높이 3m, 총길이 17m 규모의 벽화.

벽을 가득 메운 인물들의 배경이 온통 빨강이다. 이 빨강을 '폼페이 레드'라고 한다.

디오니소스

벽화가 크게 손상되어 디오니소스의 얼굴이 사라졌다.

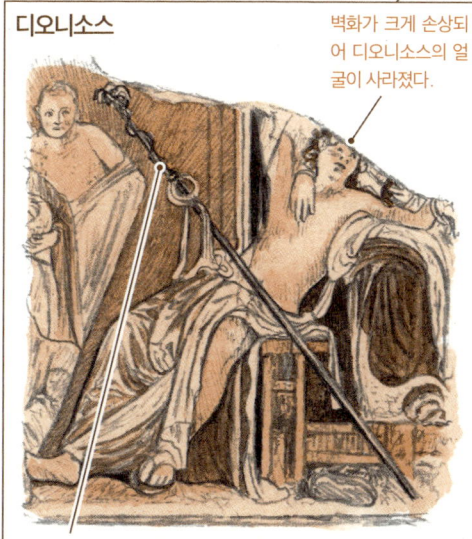

디오니소스를 상징하는 지팡이인 티르수스(Thyrsus)에 포도와 아이비 잎 장식이 돌돌 말려 있다.

야만적인 '디오니소스 신앙'

디오니소스는 올림포스 12신에 종종 포함되는 신으로 아버지는 제우스, 어머니는 세멜레라는 인간이었으며 포도주의 신으로서 포도나무 재배와 포도주 양조를 관장한다. 따라서 디오니소스교는 포도주 양조 기술과 함께 술에 취하는 즐거움과 해방의 종교의식을 전파했다.
밤에 비밀스럽게 의식을 진행하는 이 종교에는 여성 신도가 많았다. 그러나 비밀 의식에 모인 신도들이 술 마시고 노래하고 광란의 춤을 추며 짐승을 갈기갈기 찢어 생고기를 먹는 등 광기 어린 행동을 많이 했으므로 로마 정부가 디오니소스교를 금지했다고 한다.

주요 참고 문헌

국립서양미술관,《도록 - 고대 로마 제국의 유산(図録 古代ローマ帝国の遺産)》, 도쿄신문 외, 2009

나이절 로저스(Nigel Rogers) 저, 다나카 아쓰코(田中敦子) 역,《로마 제국 대도감(ローマ帝国大図鑑)》, 가이아북스(ガイアブックス), 2013

내셔널 지오그래픽,《로마 제국(ナショナル・ジオグラフィック別冊　ローマ帝国 - 내셔널 지오그래픽 별책)》, 닛케이(日経) BP, 2019

도쿄국립박물관,《도록 - 폼페이 특별전(図録 ポンペイ特別)》, 아사히(朝日)신문 외, 2022

모토무라 료지(本村凌二) 저,《결정판 - 제로에서부터 알아보는 로마 제국(決定版ゼロからわかるローマ帝国)》, 갓켄(学研)퍼블리싱, 2013

모토무라 료지 저,《처음 읽는 사람의 로마사 1200년(はじめて読む人のローマ史1200年)》, 쇼덴샤(祥伝社)신서, 2014

모토무라 료지 저,《로마 제국 인물 열전(ローマ帝国人物列伝)》, 쇼덴샤신서, 2016

베르나르도 로고라(Bernardo Rogora) 저, 하세가와 다케오(長谷川岳男) 역,《고대 로마의 역사 - 유럽 문명의 뿌리를 찾아서(古代ローマの歴史 - ヨーロッパ文明のルーツを求めて)》, PHP 에디터즈 그룹(エディターズ・グループ), 2000

아오야나기 마사노리(青柳正規) 감수,《폼페이의 유산 - 2000년 전 로마인의 생활(ポンペイの遺産 - 2000年前のローマ人の暮らし)》, 쇼갓칸(小学館), 1999

《아카데미아 세계사(アカデミア世界史)》, 하마지마(浜島)서점, 2010

에드워드 기번(Edward Gibbon) 저, 요시무라 다다스케(吉村忠典)・고토 아쓰코(後藤篤子) 역,《도해 - 로마 제국 흥망사(図解 ローマ帝国興亡史)》, 도쿄서적, 2004

에르네스토 카롤리스(Ernesto De Carolis) 저,《폼페이의 신들과 영웅들(GODS AND HEROES IN POMPEII)》, Oxford University Press(USA), 2001

《역사 군상 시리즈 특별 편집 결정판 - 도설・격투 로마 전기(歴史群像シリーズ特別編集　決定版　図説・激闘 ローマ戦記)》, 갓켄플러스(学研プラス), 2009

이와타 슈젠(祝田秀全) 감수,《고대 로마 - 향연과 격차의 예절(古代ローマ 饗宴と格差の作法)》, G・B, 2021

장 클로드 골뱅(Jean-Claude Golvin) 저, 요시다 하루미(吉田春美) 역,《조감도로 보는 고대 도시 세계 - 역사・건축・문화(鳥瞰図で見る古代都市の世界 - 歴史・建築・文化)》, 하라쇼보(原書房), 2017

크리스 스카레(Chris Scarre) 저, 아오야나기 마사노리(青柳正規) 감수, 쓰키무라 스미에(月村澄枝) 역, 《로마 황제 역대지(ローマ皇帝歴代誌)》, 소겐샤(創元社), 1998

《Journey to Pompeii》

《Pompeii・Herculaneum》

고대 로마 해부도감

초판 1쇄 발행 2025년 11월 7일
초판 2쇄 발행 2025년 11월 19일

편저자 카미유 역사편집부
감수자 모토무라 류지 · 김덕수
옮긴이 노경아

발행인 김기중
주간 신선영
편집 백수연, 정진숙
경영지원 홍운선
펴낸곳 도서출판 더숲
주소 서울특별시 영등포구 당산로41길 11, E동 1410호 (07217)
전화 02-3141-8301
팩스 02-3141-8303
이메일 info@theforestbook.co.kr
페이스북 @forestbookwithu
인스타그램 @theforest_book
출판등록 2009년 3월 30일 제2025-000114호

ISBN 979-11-94273-26-4 (03920)

※ 이 책은 본사의 서면 허락 없이는 글, 사진, 디자인, 도표 등 이 책의 내용을 어떠한 형태나 수단으로도 이용하지 못합니다.
※ 잘못된 책은 구입하신 곳에서 바꾸어 드립니다.
※ 책값은 뒤표지에 있습니다.
※ 원고를 기다리고 있습니다. 출판하고 싶은 원고가 있는 분은 info@theforestbook.co.kr로 기획 의도와 간단한 개요를 적어 연락처와 함께 보내주시기 바랍니다.